tina

KOCH & BACK-IDEEN

KUCHEN UND TORTEN
VOLL IM TREND

Von Kühlschranktorte bis Becherkuchen

MOEWIG

Traumhafte To

In modischem Look oder auf raffinierte Art zubereitet – hier finden Sie die schönsten Kreationen für Ihre Kaffeetafel . Ein wahrer Augen- und Gaumenschmaus!

Die wichtigsten Grundrezepte S. 8–9

Bildschöne Verzierungen S. 10–11

Mit klangvollen Namen *Mode*-Torten S. 12–25

en und Kuchen

Außergewöhnlich gut!
Kuchen-Hits S. 26–41

Ab in den Kühlschrank!
Kühlschrank-Torten S. 42–63

Ruck, zuck gemacht
Becher-Kuchen S. 64–73

Ganz schön verlockend
Kuchen mit *Schuss* S. 74–93

Basis für köstliches Gebäc

Die wichtigster

Manchmal liegt es nur an Kleinigkeiten, durch die ein Kuchen nicht so gelingt wie gewünscht. Von der Herstellung des Teigs bis zur Lagerung des Gebäcks finden Sie hier viele Tipps und Tricks

Luftiger Biskuit

Bei der Herstellung von Biskuit spielt Luft eine wichtige Rolle. Darum muss die Masse geduldig geschlagen werden. Nur so wird sie besonders zart und leicht. Die gebackene Masse ist eine tolle Basis für feine Torten.

Zutaten für den Teig

Verwenden Sie einen feinkörnigen Zucker und lassen Sie ihn langsam in den Eischnee einrieseln. Er muss vollständig aufgelöst sein, sonst knirscht es nachher. Das Mehl am besten durch ein Sieb streichen, damit keine Klümpchen entstehen. Die Biskuitmasse zügig verarbeiten und sofort in den Backofen geben, sonst wird der Boden hart.

Tipps zum Backen

Den Ofen immer vorheizen, denn die Masse soll auf keinen Fall ruhen, bis der Ofen warm genug ist. Umluftherde sind nicht geeignet, da der Boden nicht so gut aufgeht. Ob er durchgebacken ist, erkennen Sie daran, dass er sich vom Formrand löst. Das Backpapier sofort vorsichtig abziehen, damit die Oberfläche nicht reißt. Den Boden auf einem Kuchengitter auskühlen lassen, damit er von allen Seiten Luft bekommt.

Lagerung

Biskuit kann man prima auf Vorrat backen und einfrieren. Vor dem Weiterverwenden bei Zimmertemperatur auftauen lassen.

Knuspriger Mürbeteig

Er ist mürbe und trotzdem zart und wird gern als fester Boden für üppige Füllungen verwendet, wie zum Beispiel für einen Käsekuchen.

Blitzschnell gemacht

Mit nur wenigen Zutaten wie Butter, Zucker, Mehl und evtl. einem Ei ist der Teig rasch verknetet. Und auch die Mengen kann man sich ganz leicht merken, denn auf 100 g Zucker kommen 200 g Butter und 300 g Mehl.

Der Teig mag es kühl

Mürbeteig wird nicht gerührt, sondern geknetet. Die Zutaten sollten alle kühl sein und rasch verarbeitet werden. Am besten eignet sich dafür ein Marmorbrett. Es macht nichts, wenn noch Butterstücke im Teig sichtbar sind – lieber zu wenig als zu viel wkneten. Ganz wichtig: Den Teig zugedeckt mindestens 30 Minuten in den Kühlschrank legen. So lässt er sich später besser ausrollen. Die Arbeitsfläche dafür nur leicht mit Mehl bestäuben, sonst wird der Teig hart.

Blindbacken

Hierbei wird der Boden mit Backpapier belegt und mit Trockenerbsen beschwert vorgebacken. So bleibt er flach und wird knuspriger.

Lagerung

Mürbeteig hält sich kühl gelagert gut eine Woche. Sie können sowohl den rohen Teig als auch den gebackenen Boden prima einfrieren. Dann im Kühlschrank wieder auftauen lassen.

Grundrezepte

Lockerer Rührteig

Kein anderer Teig ist so unkompliziert wie Rührteig, denn hierbei kann eigentlich nie etwas schief gehen. Bei Becherkuchen müssen sogar die Zutaten noch nicht einmal abgewogen werden. Zudem kann man Rührteig kinderleicht abwandeln, sodass immer wieder neue Kreationen daraus entstehen.

Geduldig rühren

Das Einzige, was man bei diesem Teig beachten muss, ist das Rühren. Hierdurch wird er zart und saftig und erhält eine schöne Krume. Besonders locker wird er, wenn man die Eier trennt und das Eiweiß steif geschlagen unterhebt.

Tipps für die Zubereitung

Die Zutaten sollten alle Zimmertemperatur haben, dann können sie sich besser miteinander verbinden. Das Mehl immer zum Schluss zufügen, wenn alle anderen Zutaten gut miteinander verrührt sind. Falls der Teig zu zäh ist, zum Beispiel weil die Eier zu klein sind, etwas Milch zugeben. Diese immer kalt verwenden.

Garprobe

Ein Rührteig wird meistens bei 175 Grad, maximal bei 200 Grad gebacken. Um festzustellen, ob der Kuchen gar ist, sollten Sie eine Stäbchenprobe machen. Stecken Sie einen Holzspieß in die Kuchenmitte. Bleiben keine Teigreste daran kleben, können Sie den Kuchen herausholen.

Tolles Aroma

Einige Rührteig-Kuchen entwickeln ihr volles Aroma erst nach 1–2 Tagen Ruhezeit. Dazu gehören Kuchen mit Früchten, Zitronen-, Nuss- und Mandelkuchen. Darum die Kuchen rechtzeitig vor Verzehr backen und ausgekühlt in Alufolie ruhen lassen.

Kalter Boden

Kühl, leicht und erfrischend – Kuchen mit diesen Böden sind genau richtig für einen Kaffeeklatsch an einem sonnigen Nachmittag auf dem Balkon.

Ohne Backen

Der Boden ist wirklich blitzschnell gemacht, denn fein zerbröselte Kekse werden mit flüssiger Butter oder Schokolade verrührt und gleichmäßig in eine Springform verteilt. Dann muss man nur noch warten, bis der Boden fest ist. Stellen Sie dafür die Form am besten in den Kühlschrank.

Geschmacks-Variationen

Für die Masse können Sie neben Löffelbiskuits auch Butterkekse, Eiswaffeln, Zwieback oder Cornflakes verwenden. Zum Zerkleinern die Kekse in einen Gefrierbeutel geben, fest verschließen und dann mit der Kuchenrolle so lange darüber fahren, bis eine bröselige Masse entstanden ist. Die Butter oder Schokolade sollte zwar flüssig, aber nicht heiß sein.

Feine Cremes

Als Basis können Sie Frischkäse, Mascarpone, Joghurt, Quark oder Buttermilch verwenden. Für Stabilität sorgt Gelatine. Verrühren Sie sie zuerst mit etwas Creme und geben Sie dann die Mischung unter die übrige Masse. So entstehen keine Klümpchen.

Knuspriger Boden

Wenn Sie die Torte erst am nächsten Tag servieren möchten, sollten Sie den Boden mit Paniermehl, gemahlenen Nüssen oder Mandeln bestreuen. So weicht er nicht so schnell durch.

Wie die Profis Bildschöne

Mit einigen kleinen Tricks wird aus einem schlichten Kuchen ein wahres Schmuckstück für die Kaffeetafel. Ob mit Schokolade, Sahne oder Früchten dekoriert – hier haben wir für Sie einige tolle Ideen, wie Sie Ihrem Gebäck das richtige Outfit verleihen können

Mit zartem Schmelz

Feine Ornamente

Sie sind ein hübscher Schmuck für feine Torten und kommen am besten zur Geltung auf einem Schokoguss oder Marzipanmantel. Füllen Sie die flüssige Kuvertüre in einen Gefrierbeutel und schneiden Sie eine kleine Ecke ab. Dann mit leichtem Druck ganz nach Fantasie die Torte mit der Kuvertüre verzieren.

Schokospäne selbst gemacht

Dafür die Kuvertüre grob zerkleinern und auf dem heißen Wasserbad unter ständigem Rühren schmelzen lassen. Streichen Sie sie dann auf eine glatte Fläche (Marmor- oder Glasbrett) und lassen Sie die Kuvertüre so weit abkühlen, bis sie sich gerade eben fest anfühlt. Nun mit einem Spachtel die Schokoröllchen von dem Brett abschaben.

Wie temperiert?

Stellen Sie eine Metallschüssel in einen Topf mit siedendem Wasser und geben Sie gehackte Kuvertüre hinein. Achten Sie während des Umrührens darauf, dass kein Wasser in die Schüssel gelangt, sonst wird die Kuvertüre stumpf. Auch nicht zu heiß werden lassen, da die Masse sonst gerinnt.

Süße Schokoblätter

Echte Blätter sollten gründlich gewaschen und gut trockengetupft werden. Tauchen Sie sie mit der Oberseite flach in flüssige Schokolade und streifen Sie die Überschüsse am Schüsselrand ab. Dann die Blätter mit der Schokoladenseite nach oben auf ein Brett legen. Lassen Sie sie fest werden und lösen Sie dann vorsichtig die Schokoblätter ab.

Sortenvielfalt

Im Handel gibt es inzwischen eine Vielzahl an unterschiedlichen Schokoladensorten zum Dekorieren. Neben der klassischen Tafel oder Kuvertüre können Sie Ihre Torte auch mit Borkenschokolade, Schokoladenraspel oder Mokkabohnen verzieren.

Was ist Kuvertüre?

Das ist reine Schokolade mit einem hohem Kakaobutteranteil. Der Vorteil: Sie ist dadurch besonders zart und schmilzt klümpchenfrei. Gerade zum Überziehen von Torten und zum Verzieren sollten Sie statt Schokolade Kuvertüre verwenden.

Früchte richtig in Szene gesetzt

Mit nur wenigen Handgriffen können Sie Ihre Torte mit süßen Früchten verzieren. Ganz wichtig: Sie sollten einwandfrei und absolut frisch sein. Suchen Sie sich also die besten Exemplare heraus. Wenn Sie zum Verzieren Ihres Gebäcks Obst aus der Dose oder frisches Obst verwenden, sollten Sie beim Zerkleinern sorgfältig arbeiten und ein scharfes Messer verwenden. Wie Sie die Torte dann dekorieren, bleibt ganz Ihrem eigenen Geschmack überlassen. Achten Sie nur darauf, dass die Torte nicht überladen wirkt.

In Zucker gewälzt

Ein besonderer Hingucker sind Früchte in einem Zuckermantel. Gut geeignet sind hierfür Beerenfrüchte wie Johannis- oder Erdbeeren sowie Weintrauben und Kirschen. Das Obst waschen und gut trockentupfen. Dann in Zitronensaft tauchen und rundherum in dem Zucker wälzen. Bei größeren Früchten sieht auch Hagelzucker hübsch aus.

Mit Schokomantel

In Schokolade getauchte Früchte bieten einen zusätzlichen Reiz, denn sie schmecken einfach köstlich. Tauchen Sie sie nur etwa bis zur Hälfte in die flüssige Schokolade, damit man noch erkennen kann, um was für eine Frucht es sich handelt. Dann auf ein Kuchengitter legen und vollständig trocknen lassen. Statt Schokolade können Sie auch sehr gut Zuckerguss verwenden.

Verzierungen

Schnell dekoriert

Man muss nicht unbedingt der absolute Backprofi sein, um eine Torte optisch aufzuwerten. Oft sind es nur kleine Ideen, um sie auf einfache Art hübsch zu gestalten. Den Rand können Sie zum Beispiel mit gehackten Nüssen oder Mandelblättchen bestreuen. Das kaschiert prima kleine Unebenheiten. Sehr dekorativ wird die Torte, wenn Sie in die Sahne oder Creme mit einem Zackenkamm Rillen einritzen oder mit dem Löffel kleine Dellen eindrücken. Auch mit Pralinen, kleinen Keksen oder bunten Naschereien kann man das Gebäck ganz schnell verzieren.

1. Ganz simpel und doch effektvoll sind feine Streifen aus Schokolade oder Zuckerguss, die einen Kontrast zu dem Mantel bilden. Zuckerguss zum Beispiel können Sie mit Lebensmittelfarbe in allen Tönen einfärben. Die Masse lässt sich am besten mit einem Einwegspritzbeutel oder kleinen Gefrierbeutel spritzen. Sollen die Streifen sehr fein sein, nur eine winzige Ecke von dem Beutel abschneiden.

2. Gelees, Fruchtsäfte oder Liköre bringen Farbe ins Spiel. Wie auf dem Foto oben können Sie die Torte ganz nach Belieben mit Sahne verzieren und die Zwischenräume mit der Flüssigkeit auffüllen. Ebenso hübsch sieht es aus, wenn Sie Sahnetuffs mit etwas Saft beträufeln.

3. Garnituren aus Puderzucker, Kakao- oder Zimtpulver bieten sich bei sehr glatten Oberflächen, wie zum Beispiel bei einem Marzipanmantel an. Das Pulver durch ein sehr feines Haarsieb über die Torte streuen. Am Anfang dabei etwas zaghafter vorgehen, denn es lässt sich später nicht mehr entfernen. Für kleine Muster können Sie aus festem Papier beliebige Schablonen ausschneiden, auf die Torte legen und bestäuben. Die Schablonen dann vorsichtig wieder entfernen. Ganz wichtig: Die Torte erst kurz vor dem Servieren mit dem Pulver bestäuben!

Dekorieren mit Sahne

Etwas fürs Auge

Zu einer prachtvollen Torte gehören Verzierungen mit Sahne einfach dazu. Um sie richtig in Szene setzen zu können, benötigt man hierfür einen Spritzbeutel. Dazu gibt es Stern- oder Lochtüllen in verschiedenen Größen.

Stabiler Halt

Damit die Sahne nicht gleich zerfließt, immer sehr gut gekühlt steif schlagen und evtl. Sahnefestiger einrieseln lassen. Den Zucker erst zum Schluss zufügen, denn er verzögert das Steifwerden.

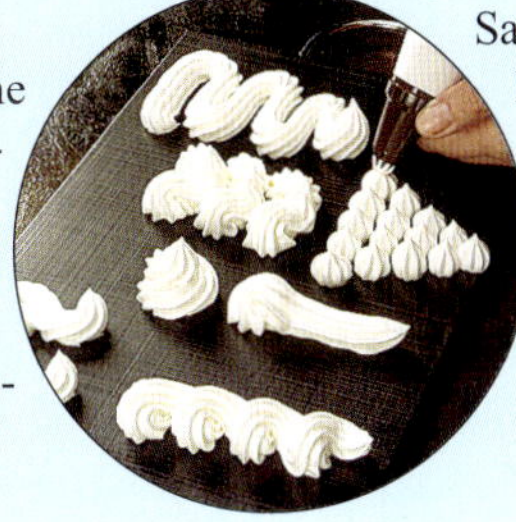

Sahne einfüllen

Geben Sie den Spritzbeutel in einen hohen Rührbecher und knicken Sie das Ende mit der Spritztülle um, damit die Sahne nicht herauslaufen kann. Stülpen Sie etwa 1/3 des Beutels über den Becherrand und füllen Sie die Sahne ein. Dann den Beutel fest zusammendrehen.

Feine Tuffs

Klassisch sind Rosetten, die mit einer Sterntülle dicht an dicht an den Tortenrand gespritzt werden. Wer es gern üppiger mag, sollte den Kuchen mit Sahneschleifen oder Sahneranken verzieren. Moderner wirken kleine Tuffs aus der Lochtülle. Zusätzlich können Sie die Sahne mit geriebenen Nüssen, Kakaopulver oder auch kleinen bunten Zuckerperlen bestreuen.

Mit klangvollen Namen

Raffinierte Mo

Nougat-Amicelli-Torte mit Himbeeren

Zutaten für ca. 16 Stücke:

- 175 g weiche Butter/Margarine
- 125 g Zucker
- 1 Päckchen Vanillin-Zucker
- 3 Eier (Größe M)
- 175 g Mehl
- 1/2 Päckchen Backpulver
- 4 EL Milch
- 250 g frische oder tiefgekühlte Himbeeren
- 150 g Halbbitter Kuvertüre
- 200 g Nuss-Nougat, schnittfest
- 400 g Schlagsahne
- 2 Päckchen Sahnefestiger
- 1 1/2 Päckchen Amicelli (je 16 Stück; 200 g)
- Fett und Paniermehl für die Form

1. Fett mit Zucker und Vanillin-Zucker cremig rühren. Eier nacheinander unterrühren. Mehl mit Backpulver mischen, im Wechsel mit der Milch unter den Teig rühren. In eine gefettete und mit Paniermehl ausgestreute Springform (26 cm ∅) streichen. Im vorgeheizten Backofen bei 175 °C (Umluft: 150 °C) ca. 20 Minuten backen. Den Kuchenrand mit einem Messer vom Formrand lösen, auf einem Gitter auskühlen lassen.

2. Kuchen quer halbieren. Unteren Boden auf eine Tortenplatte legen und mit einem Tortenring umspannen. Frische Himbeeren verlesen, Tiefkühlkost auftauen lassen. Einige Früchte zum Verzieren beiseite legen. Kuvertüre und 150 g Nougat hacken. Beides auf einem heißen Wasserbad schmelzen. Sahne steif schlagen, Sahnefestiger dabei einrieseln lassen. Kuvertüre und Nougat unter die Sahne heben.

3. Etwas Creme auf den Boden streichen. Himbeeren darauf verteilen und mit der Hälfte der Creme bestreichen. Mit zweitem Boden belegen und restliche Creme darauf glatt streichen. Mindestens 3 Stunden kalt stellen.

4. Restliches Nougat hacken und auf einem heißen Wasserbad schmelzen. In einen Gefrierbeutel geben, eine kleine Ecke abschneiden und etwas davon auf die Torte spritzen. Torte aus dem Ring lösen. 22 Amicelli halbieren. Mit Hilfe des restlichen Nougats an die Seiten kleben. Torte mit Amicelli und Rest Himbeeren verzieren.

Arbeitszeit: ca. 1 Stunde
Backzeit: ca. 20 Minuten
Wartezeit: ca. 3 1/2 Stunden
Nährwerte: pro Stück ca. 1930 kJ/460 kcal.

Erdbeer-Yogurette-Torte

Zutaten für ca. 12 Stücke:

- 1 Packung Yogurette (gefüllte Vollmilchschokoladen-Riegel mit Joghurt-Erdbeer-Creme; 100 g)
- 650 g Vollmilch-Joghurt
- 2 Eier (Größe M)
- 250 g Zucker
- 2 Päckchen Vanillin-Zucker
- 1 Prise Salz
- 150 ml Öl
- 350 g Mehl
- 1/2 Päckchen Backpulver
- 1 kg frische oder tiefgefrorene Erdbeeren
- 10 Blatt weiße Gelatine
- 250 g Schlagsahne
- Baiser zum Verzieren
- Fett und Paniermehl für die Form

1. 6 Schokoladenriegel dritteln. 150 g Joghurt mit Eiern, 150 g Zucker, 1 Päckchen Vanillin-Zucker, Salz und Öl verrühren. Mehl mit Backpulver mischen, portionsweise unter die Masse rühren. Schokoladenstückchen unterheben. Masse in einer gefetteten und mit Paniermehl ausgestreuten Springform (26 cm ∅) glatt streichen. Im vorgeheizten Backofen bei 175 °C (Umluft: nicht geeignet) ca. 25 Minuten backen.

2. Inzwischen 250 g Erdbeeren waschen, putzen und pürieren. Boden vom Springformrand lösen und in der Form auskühlen lassen. Dann aus der Form lösen, auf eine Tortenplatte setzen und einen Tortenring darum schließen.

3. Gelatine in kaltem Wasser einweichen. 500 g Joghurt mit 1 Päckchen Vanillin-Zucker, 100 g Zucker und Erdbeerpüree verrühren. Gelatine ausdrücken, bei schwacher Hitze auflösen und mit 2–3 Esslöffel Creme verrühren. Dann die Gelatine unter die restliche Creme rühren. Creme 2–3 Minuten kalt stellen, bis die Masse zu gelieren beginnt. Sahne steif schlagen und unter die Creme heben. Creme auf dem Boden glatt streichen. Ca. 4 Stunden kalt stellen.

4. 750 g Erdbeeren waschen, putzen und abtropfen lassen. Schokoladenriegel halbieren. Die Torte aus dem Formring lösen, mit Erdbeeren, Schokoladenriegeln und Baiser verzieren.

Arbeitszeit: ca. 40 Minuten
Backzeit: ca. 25 Minuten
Wartezeit: ca. 5 Stunden
Nährwerte: pro Stück ca. 2050 kJ/490 kcal.

Fruchtige Kiba-Torte

Zutaten für ca. 12 Stücke:

- 50 g Butter
- 200 g + 5 EL Zucker
- 1 Prise Salz
- 2 Eier (Größe M)
- 160 g Mehl
- 1 TL Backpulver
- 10 EL + 300 ml Milch
- 500 g Kirschen oder 1 Glas (720 ml) Kirschen
- 1 1/2 Päckchen Rote Grütze-Pulver „Himbeer-Geschmack" (für je 1/2 l Flüssigkeit)
- 200 ml Kirschsaft
- 1 Päckchen Puddingpulver „Vanille-Geschmack" (für 1/2 l Milch; zum Kochen)
- 2 Bananen (ca. 350 g)
- 4 EL Zitronensaft
- 200 g Schlagsahne
- 1 Päckchen Vanillin-Zucker
- 12 Kirschen und roter Dekorzucker zum Verzieren
- Fett und Mehl für die Form

1. Butter mit 125 g Zucker und Salz cremig rühren. Eier einzeln einrühren. Mehl mit Backpulver mischen, abwechselnd mit 4 Esslöffel Milch unterrühren. Teig in einer gefetteten, mit Mehl ausgestreuten Springform (26 cm ∅) glatt streichen. Im vorgeheizten Backofen bei 175 °C (Umluft: 150 °C) ca. 20 Minuten backen. Aus der Form nehmen und abkühlen lassen.

2. Kirschen waschen und entsteinen. Früchte aus dem Glas abtropfen lassen, Saft dabei auffangen. 1 Päckchen Rote-Grütze-Pulver mit 75 g Zucker mischen. Mit 6 Esslöffel Wasser glatt rühren. 150 ml Wasser und 200 ml Kirschsaft aufkochen, angerührtes Pulver einrühren und kurz aufkochen, Kirschen unterheben. Um den Boden einen Springformrand schließen, Kirschkompott darauf verteilen.

3. Puddingpulver mit 3 Esslöffel Zucker mischen. Mit 6 Esslöffel Milch verrühren. Bananen schälen, in Stücke schneiden, mit Zitronensaft begießen und pürieren. 300 ml Milch aufkochen, Puddingpulver einrühren und ca. 1 Minute kochen lassen. Bananen unterrühren und auf dem Kompott verteilen. Ca. 2 Stunden kalt stellen.

4. Sahne steif schlagen, Vanillin-Zucker einrieseln lassen. Formrand entfernen. Sahne auf die Torte streichen. Zum Verzieren 1/2 Päckchen Rote-Grütze-Pulver mit 2 Esslöffel Zucker und 3 Esslöffel Wasser mischen. 200 ml Wasser aufkochen, angerührtes Pulver einrühren und kurz aufkochen. Grütze mit 12 Kirschen in einen Eiswürfelbereiter geben und gelieren lassen. Herauslösen, auf die Torte setzen. Mit Dekorzucker bestreuen.

Arbeitszeit: ca. 1 Stunde
Backzeit: ca. 20 Minuten
Wartezeit: ca. 2 Stunden
Nährwerte: pro Stück ca. 1340 kJ/320 kcal.

Küsschen-Torte

Zutaten für ca. 16 Stücke:
- 275 g Ferrero Küsschen (Nusspralinen)
- 200 g weiche Butter
- 100 g Zucker, 1 Prise Salz
- 2 Päckchen Vanillin-Zucker
- 3 Eier (Größe M)
- 175 g Mehl
- 2 gehäufte TL Backpulver
- 3 EL Schlagsahne
- 100 g Puderzucker
- 200 g Doppelrahm-Frischkäse
- 150 g Nuss-Nougat-Creme
- Fett und Paniermehl für die Form

1. 150 g Ferrero Küsschen grob hacken. 125 g Butter mit Zucker, Salz und 1 Päckchen Vanillin-Zucker cremig rühren. Die Eier einzeln, im Wechsel mit 2–3 Esslöffel Mehl unterrühren. Restliches Mehl mit Backpulver mischen, mit der Sahne unter die Eiercreme rühren. Gehackte Ferrero Küsschen unter den Teig heben.

2. Teig in eine gefettete und mit Paniermehl ausgestreute Springform (24 cm ∅) geben und glatt streichen. Im vorgeheizten Backofen bei 175 °C (Umluft: 150 °C) ca. 25 Minuten backen. Boden in der Form auf einem Kuchengitter auskühlen lassen.

3. Inzwischen 125 g Ferrero Küsschen hacken. 75 g Butter, Puderzucker und Vanillin-Zucker cremig rühren. Frischkäse unterrühren. Den Kuchen aus der Form lösen, quer halbieren und mit der Nougat-Creme bestreichen. Zweiten Boden daraufsetzen und locker mit der Frischkäsecreme bestreichen. Mit gehackten Ferrero Küsschen bestreuen.

Arbeitszeit: ca. 40 Minuten
Backzeit: ca. 25 Minuten
Wartezeit: ca. 3 Stunden
Nährwerte: pro Stück ca. 1630 kJ/390 kcal.

Schweizer Montelino-Torte

Zutaten für ca. 16 Stücke:
- 150 g Mehl
- 20 g Puderzucker
- 75 g weiche Butter
- 5 Eigelb (Größe M)
- 1 Prise Salz
- 250 g Zartbitter-Schokolade
- 2 Packungen Montelino (gefüllte Knusperberge; à 150 g)
- 25 g + 1 TL Zucker
- 1 Päckchen Vanillin-Zucker
- 375 g Schlagsahne
- 2 Eiweiß (Größe M)
- 30 g weiße Kuvertüre zum Verzieren
- Fett für die Form
- Frischhaltefolie

1. Mehl mit Puderzucker, Butter, 1 Eigelb, Salz und 2 Esslöffel kaltem Wasser zu einem glatten Teig verkneten. In Folie wickeln und ca. 30 Minuten kalt stellen.

2. Einen Springformboden (26 cm ∅) fetten und den Teig darauf ausrollen. Springformrand darum legen, den Boden mehrmals mit einer Gabel einstechen. Im vorgeheizten Backofen bei 200 °C (Umluft: 175 °C) ca. 15 Minuten backen. Boden etwas abkühlen lassen und auf eine Tortenplatte legen. Einen Tortenring um den Boden schließen und auskühlen lassen.

3. Schokolade grob hacken und auf einem heißen Wasserbad schmelzen. 2–3 Esslöffel Schokolade auf dem Mürbeteig verstreichen, die Montelinos, bis auf 6 Stück zum Verzieren, darauf verteilen. 4 Eigelb mit 25 g Zucker und Vanillin-Zucker cremig-weiß aufschlagen. Restliche abgekühlte Schokolade unterrühren. 250 g Sahne und Eiweiß getrennt steif schlagen. Zuerst Sahne, dann das Eiweiß unterziehen. Schokomousse auf dem Boden wellenartig verstreichen. Torte ca. 3 Stunden kalt stellen.

4. Übrige Montelinos halbieren. 125 g Sahne und 1 Teelöffel Zucker steif schlagen. In einen Spritzbeutel mit Sterntülle geben. Torte aus dem Ring lösen und mit Sahnetuffs und restlichen Montelinos verzieren. Von der weißen Kuvertüre mit einem Sparschäler feine Röllchen schneiden und über die Torte streuen.

Arbeitszeit: ca. 1 Stunde
Backzeit: ca. 15 Minuten
Wartezeit ca. 3 1/2 Stunden
Nährwerte: pro Stück ca. 1 550 kJ/370 kcal.

Birnen-Rumkugel-Torte

Zutaten für ca. 12 Stücke:
- 125 g Butter/Margarine
- 225 g Zucker
- 1 Prise Salz
- 2 Päckchen Vanillin-Zucker
- 3 Eier (Größe M)
- 200 g Mehl
- 2 TL Backpulver
- 3 EL + 400 g Schlagsahne
- 100 g Vollmilch-Schokoladenraspel
- 5 Birnen (z. B. Williams Christ; ca. 1 kg)
- 75 ml Zitronensaft
- je 150 g Vollmilch-Kuvertüre und Halbbitter-Kuvertüre
- 2 EL Williams-Christ-Birnen-Brand (40 %)
- Rumkugeln, Birnenspalten und Minze zum Verzieren
- Fett und Mehl für Form

1. Fett mit 125 g Zucker, Salz und 1 Päckchen Vanillin-Zucker cremig rühren. Eier nacheinander unterrühren. Mehl mit Backpulver mischen, im Wechsel mit 3 Esslöffel Sahne unterrühren. Schokoladenraspel unterrühren. Teig in eine gefettete, mit Mehl ausgestreute Springform (26 cm ∅) streichen. Im vorgeheizten Backofen bei 175 °C (Umluft: 150 °C) 30–35 Minuten backen. Boden in der Form auf einem Gitter auskühlen lassen.

2. Inzwischen Birnen schälen, halbieren, entkernen und mit Zitronensaft beträufeln. 1 1/2 Liter Wasser mit 100 g Zucker aufkochen. Birnen darin bei schwacher Hitze 10–15 Minuten dünsten. Abtropfen und abkühlen lassen.

3. Kuvertüre grob hacken und zusammen auf einem heißen Wasserbad schmelzen. Etwas abkühlen lassen. Sahne steif schlagen, 1 Päckchen Vanillin-Zucker dabei einrieseln lassen. Zuerst 3 Esslöffel Sahne in die Kuvertüre rühren, dann unter die restliche Sahne rühren.

4. Boden aus der Form lösen, auf eine Tortenplatte setzen und einen Tortenring darum schließen. Boden mit Birnen-Brand beträufeln. 2 Esslöffel Schokosahne auf den Boden streichen. Birnen trockentupfen, darauf verteilen und mit restlicher Sahne locker einstreichen. Die Torte ca. 5 Stunden kühl stellen. Tortenring lösen. Torte mit Rumkugeln, Birnenspalten und Minzblättchen verziert servieren.

Arbeitszeit: ca. 1 Stunde
Backzeit: 30–35 Minuten
Wartezeit: ca. 6 Stunden
Nährwerte: pro Stück ca. 2350 kJ/560 kcal.

Florentiner-Schoko-Kuchen

Zutaten für ca. 16 Stücke:
- 200 g Zartbitter-Schokolade
- 80 g Butter/Margarine
- 80 g Zucker
- 2 Päckchen Vanillin-Zucker
- 1 Prise Salz
- 5 Eier (Größe M)
- 200 g gemahlene Haselnüsse
- 2 TL Backpulver
- 80 g gehackte Mandeln
- 100 g Belegkirschen
- 500 g Mascarpone (ital. Frischkäse)
- 500 g Magerquark
- 50 g Puderzucker
- 6–8 Mini-Florentiner zum Verzieren
- Fett für die Form

1. 100 g Schokolade fein reiben. Fett mit Zucker, Vanillin-Zucker und Salz cremig rühren. Eier trennen. Eigelb einzeln unterrühren. Schokolade, Haselnüsse und Backpulver mischen, unterrühren. Eiweiß steif schlagen und unterheben.

2. Eine Springform (26 cm ∅) fetten. Teig darin glatt streichen. Im vorgeheizten Backofen bei 175 °C (Umluft: 150 °C) ca. 50 Minuten backen. Kuchen in der Form ca. 5 Minuten ruhen lassen. Aus der Form lösen und vollständig auskühlen.

3. Inzwischen Mandeln in einer Pfanne ohne Fett goldbraun rösten. Herausnehmen und abkühlen lassen. Kirschen und 100 g Schokolade hacken. Mascarpone mit Quark und Puderzucker glatt rühren. Mandeln, Kirschen und Schokolade unterheben. Creme auf den Boden streichen und ca. 1 Stunde kalt stellen. Mit kleinen Florentinern verziert servieren.

Arbeitszeit: ca. 30 Minuten
Backzeit: ca. 50 Minuten
Wartezeit: ca. 1 Stunde
Nährwerte: pro Stück ca. 1890 kJ/450 kcal

Panna-Cotta-Käsekuchen

Zutaten für ca. 12 Stücke:
- 1 Vanilleschote
- 250 g Schlagsahne
- 225 g Mehl
- 50 g gemahlene Mandeln
- 200 g Zucker
- 125 g Butter
- 7 Eier (Größe M)
- 250 g Mascarpone (ital. Frischkäse)
- 500 g Magerquark
- Saft von 1 Zitrone
- 20 g Speisestärke
- 200 g Erdbeer-Konfitüre
- Puderzucker zum Bestäuben
- Erdbeeren zum Verzieren
- Fett für die Form
- Frischhaltefolie

1. Vanilleschote der Länge nach aufschneiden und das Mark herauskratzen. Sahne mit Vanillemark und -schote aufkochen, dann bei schwacher Hitze ca. 10 Minuten köcheln lassen. Sahne erkalten lassen.

2. 200 g Mehl mit Mandeln, 50 g Zucker, Butter und 1 Ei zu einem glatten Teig verkneten. In Folie wickeln und ca. 30 Minuten kalt stellen.

3. Teig auf bemehlter Arbeitsfläche zu einem Kreis (ca. 36 cm ∅) ausrollen, eine gefettete Springform (26 cm ∅) damit auslegen, dabei am den Rand drücken.

4. 6 Eier trennen. Eigelb mit 150 g Zucker schaumig schlagen. Mascarpone, Quark, Zitronensaft und Vanillesahne unterrühren. 25 g Mehl und Stärke darübersieben, unterrühren. Das Eiweiß in 2 Portionen steif schlagen und unterheben. 50 g Konfitüre auf den Mürbeteigboden streichen und 150 g Konfitüre unter die Quarkmasse ziehen.

5. Die Quarkmasse auf den Mürbeteig streichen. Im vorgeheizten Backofen bei 175 °C (Umluft nicht geeignet) 50–60 Minuten backen, eventuell die letzten 10 Minuten den Kuchen abdecken. Kuchen auf einem Kuchengitter abkühlen lassen, aus der Form lösen und auskühlen lassen. Vor dem Servieren Kuchen mit Puderzucker bestäuben und mit Erdbeeren verzieren.

Arbeitszeit: ca. 40 Minuten
Backzeit: 50–60 Minuten
Wartezeit: ca. 30 Minuten
Nährwerte: pro Stück ca. 2 180 kJ/520 kcal.

Pfirsich-Melba-Torte

Zutaten für ca. 12 Stücke:

- 100 g Butter/Margarine
- 150 g Zucker
- 150 g Mehl
- 1 Eigelb (Größe M)
- 600 g frische oder 1 Dose (850 ml) Pfirsiche
- Mark von 1 Vanilleschote
- 400 g Mascarpone (ital. Frischkäse)
- 6 Blatt Gelatine
- 3 EL Himbeer-Konfitüre
- 250 g Schlagsahne
- 150 g frische oder tiefgefrorene Himbeeren
- 1 Pfirsich zum Verzieren
- Zitronenmelisse zum Verzieren
- Mehl für die Arbeitsfläche
- Frischhaltefolie
- Backpapier

1. Fett mit 50 g Zucker, Mehl und Eigelb zu einem glatten Teig verkneten. In Frischhaltefolie wickeln und ca. 30 Minuten kühl stellen.

2. Teig auf bemehlter Fläche rund ausrollen und einen Boden (26 cm ∅) ausstechen. Boden auf ein mit Backpapier ausgelegtes Blech legen und im vorgeheizten Backofen bei 175 °C (Umluft: 150 °C) ca. 10 Minuten backen. Auskühlen lassen.

3. Pfirsiche mit kochendem Wasser überbrühen, kalt abschrecken, Haut abziehen, halbieren und den Stein entfernen. Dosenfrüchte abtropfen. 100 g Pfirsiche würfeln. Rest pürieren, mit 100 g Zucker, Vanillemark und Mascarpone verrühren.

4. Gelatine in kaltem Wasser einweichen. Um den Mürbeteigboden einen Tortenring oder Springformrand (26 cm ∅) legen. Boden mit Konfitüre bestreichen. Gelatine ausdrücken, bei schwacher Hitze auflösen und mit 2 Esslöffel der Pfirsichcreme verrühren. Dann die Gelatine unter die restliche Creme rühren. Sahne steif schlagen und unter die Creme heben.

5. Himbeeren verlesen, einige zum Verzieren beiseite legen. Übrige Früchte und Pfirsichwürfel vorsichtig unter die Creme heben. Creme locker auf dem Boden verstreichen. Ca. 2 Stunden kalt stellen. Torte mit einem Messer vom Tortenring lösen. Frischen Pfirsich waschen, in Spalten vom Stein schneiden. Torte mit den Pfirsichspalten, Himbeeren und Melisse verzieren.

Arbeitszeit: ca. 50 Minuten
Backzeit: ca. 10 Minuten
Wartezeit: ca. 2 Stunden
Nährwerte: pro Stück ca. 1720 kJ/410 kcal.

Mandel-Pfirsich-Torte

Zutaten für ca. 12 Stücke:
- 3 Eier (Größe M)
- 85 g Zucker
- 90 g Mehl
- 1 TL Backpulver
- 1 Dose (850 ml) Pfirsiche
- 150 g Pfirsich-Maracuja-Joghurt
- 2 Päckchen Puddingpulver „Vanille-Geschmack“ (für 500 ml Flüssigkeit; zum Kochen)
- 500 ml Pfirsichsaft
- 16 Giotto (gefülltes Gebäck mit Haselnusscreme)
- 600 g Schlagsahne
- 30 g Mandelblättchen
- 25 g gehackte Mandeln
- Zitronenmelisse zum Verzieren
- Backpapier

1. Eier trennen. Eiweiß steif schlagen, 60 g Zucker dabei einrieseln lassen. Eigelb unterrühren. Mehl mit Backpulver mischen, daraufsieben und unterheben. Boden einer Springform (26 cm ∅) mit Backpapier auslegen. Masse darin verstreichen. Im vorgeheizten Backofen bei 175 °C (Umluft: nicht geeignet) ca. 20 Minuten backen. Den Boden vom Formrand lösen, auf einem Kuchengitter auskühlen lassen und aus der Form lösen.

2. Inzwischen Pfirsiche abtropfen lassen, Saft dabei auffangen und 250 ml abmessen. Pfirsiche in Würfel schneiden. Boden auf eine Tortenplatte setzen und einen Tortenring darum schließen. Joghurt darauf verstreichen. 50 ml Pfirsichsaft, 25 g Zucker und Puddingpulver verrühren. 700 ml Pfirsichsaft aufkochen, angerührtes Puddingpulver einrühren und ca. 1 Minute köcheln lassen. Pfirsiche unterheben. Kompott auf dem Boden verteilen und ca. 2 Stunden kühl stellen.

3. Hälfte der Giotto grob hacken. Sahne steif schlagen. Mandelblättchen und gehackte Giotto unterheben. Sahne auf die Pfirsichschicht streichen. Ca. 1 Stunde kühl stellen.

4. Gehackte Mandeln in einer Pfanne ohne Fett goldbraun rösten. Auskühlen lassen. Übrige Giotto halbieren. Tortenring lösen. Torte mit Giottos und gerösteten Mandeln verzieren. Mit Zitronenmelisse verziert servieren.

Arbeitszeit: ca. 40 Minuten
Backzeit: ca. 20 Minuten
Wartezeit: ca. 3 1/2 Stunden
Nährwerte: pro Stück ca. 1630 kJ/390 kcal.

Orangen-Crossie-Torte

Zutaten für ca. 12 Stücke:
- 3 Eier (Größe M)
- 100 g Butter/Margarine
- 350 g Zucker
- 125 g Mehl
- 2 TL Backpulver
- 6 EL Milch
- 1 Packung White Chips Choco Crossies (125 g)
- 1 Prise Salz
- 6 Blatt weiße Gelatine
- 2 Orangen
- 150 g Mascarpone (ital. Frischkäse)
- 150 g Magerquark
- 75 ml Orangenlikör
- 125 g Schlagsahne
- 1 Päckchen Vanillin-Zucker
- Fett für die Form

1. Eier trennen. Fett mit 100 g Zucker cremig rühren. Eigelb nacheinander unterrühren. Mehl mit Backpulver mischen, im Wechsel mit der Milch unterrühren. Die Hälfte der Crossies unterheben. Den Teig in eine gefettete Springform (26 cm ∅) geben und glatt verstreichen.

2. Eiweiß mit Salz steif schlagen. 150 g Zucker einrieseln lassen. So lange weiterschlagen, bis sich der Zucker gelöst hat. Baisermasse locker auf den Teig streichen. Im vorgeheizten Backofen bei 175° C (Umluft: 150 °C) ca. 35 Minuten backen. Boden vom Formrand lösen und auf einem Kuchengitter auskühlen lassen.

3. Für die Creme Gelatine in kaltem Wasser einweichen. Orangen schälen, so dass die weiße Haut vollständig entfernt wird. Filets zwischen den Trennhäuten herauslösen. Saft aus dem Rest der Früchte pressen und 75 ml abmessen. Mascarpone mit Quark, 100 g Zucker, Orangensaft und Likör verrühren. Gelatine ausdrücken, bei schwacher Hitze auflösen und mit 3 Esslöffel Creme verrühren. Dann die Gelatine unter die restliche Creme rühren. Kalt stellen, bis die Creme zu gelieren beginnt.

4. Sahne mit Vanillin-Zucker steif schlagen, unter die Creme heben. Creme auf den Boden streichen und ca. 30 Minuten kühl stellen (nicht in den Kühlschrank!). Torte mit Orangenfilets belegen. Hälfte der restlichen Chips fein hacken, auf die Torte streuen. Mit übrigen Chips verzieren.

Arbeitszeit: ca. 1 Stunde
Backzeit: ca. 35 Minuten
Wartezeit: ca. 1 Stunde
Nährwerte: pro Stück ca. 1 800 kJ/430 kcal.

Donauwellen-Torte mit Aprikosen

Zutaten für ca. 16 Stücke:
- 100 g Zartbitter-Schokolade
- 325 g Butter
- 115 g Zucker, 1 Prise Salz
- 2 Päckchen Vanillin-Zucker
- 2 Eier (Größe M)
- 150 g Mehl, 2 TL Backpulver
- 175 g Schlagsahne
- 1 Päckchen Puddingpulver „Vanille-Geschmack" (für 500 ml Milch; zum Kochen)
- 450 ml Milch
- $^{1}/_{3}$ Fläschchen Rum-Aroma
- 1 Dose Aprikosen (850 ml)
- 2 EL Aprikosen-Konfitüre
- 200 g Halbbitter-Kuvertüre
- 16 belgische Meeresfrüchte Pralinés (ca. 120 g)
- Fett und Paniermehl für die Form
- Frischhaltefolie

1. Schokolade hacken. 125 g weiche Butter mit 75 g Zucker, Salz und 1 Päckchen Vanillin-Zucker cremig rühren. Eier im Wechsel mit 2 Esslöffel Mehl unterrühren. Restliches Mehl mit Backpulver mischen, mit 5 Esslöffel Sahne unterrühren. Gehackte Schokolade unterheben.

2. Teig in eine gefettete, mit Paniermehl ausgestreute Springform (26 cm ∅) streichen. Im vorgeheizten Backofen bei 175 °C (Umluft: 150 °C) 15–20 Minuten backen. Auskühlen lassen.

3. Für die Buttercreme Puddingpulver mit 5 Esslöffel Milch, 40 g Zucker und Rum-Aroma glatt rühren. Übrige Milch aufkochen, Puddingpulver einrühren und ca. 1 Minute köcheln lassen. Mit Folie abgedeckt auskühlen lassen. Aprikosen abtropfen lassen. Boden aus der Form lösen und einen Tortenring darum schließen. Konfitüre erwärmen, Boden damit bestreichen und mit Aprikosen belegen. 200 g weiche Butter weißcremig aufschlagen, Pudding esslöffelweise unterrühren. Creme auf die Aprikosen streichen. Torte ca. 4 Stunden kalt stellen.

4. Kuvertüre grob hacken und auf einem heißen Wasserbad schmelzen. Auf die Creme streichen. Mit einem Tortenkamm wellenförmig verzieren, ca. 30 Minuten kühl stellen. Rest Sahne mit Vanillin-Zucker steif schlagen, in einen Spritzbeutel mit Sterntülle geben. Torte mit Sahneschleifen und Schokoladen-Meeresfrüchten verzieren.

Arbeitszeit: ca. 1 Stunde
Backzeit: 15–20 Minuten
Wartezeit: ca. 6 Stunden
Nährwerte: pro Stück ca. 1930 kJ/460 kcal.

Caffè-Latte-Marmorkuchen

Zutaten für ca. 16 Stücke:
- 250 g weiche Butter/Margarine
- 1 Päckchen Vanillin-Zucker
- 1 Prise Salz, 150 g + 1 EL Zucker
- 5 Eier (Größe M)
- 300 g Mehl
- 2 EL Backpulver
- 200 g gemahlene Mandeln
- 300 ml Kondensmilch
- 2 EL Espressopulver
- 1 EL dunkles Kakaopulver
- 100 g Halbbitter-Kuvertüre
- 70 g weiße Kuvertüre
- 250 g Schlagsahne
- 1 Päckchen Sahnefestiger
- einige Mokkabohnen
- Kakaopulver zum Bestäuben
- Fett und Mehl für die Form
- Backpapier, Holzstäbchen

1. Fett mit Vanillin-Zucker, Salz und 150 g Zucker cremig rühren. Eier nacheinander unterrühren. Mehl mit Backpulver mischen, daraufsieben, mit den Mandeln unterrühren. Teig halbieren. 150 ml Kondensmilch mit Espresso- und Kakaopulver verrühren, unter eine Teighälfte rühren. 150 ml Kondensmilch unter die andere Teighälfte rühren.

2. Eine Springform (26 cm ∅) fetten, mit Mehl bestäuben. Zuerst hellen, dann dunklen Teig einfüllen. Mit einer Gabel spiralförmig durchziehen. Im vorgeheizten Backofen bei 175 °C (Umluft: 150 °C) ca. 60 Minuten backen.

3. Inzwischen helle und dunkle Kuvertüre hacken, getrennt auf einem heißen Wasserbad schmelzen lassen. Ein größeres Brett mit Backpapier belegen. Die Hälfte der dunklen Kuvertüre dünn daraufstreichen. Helle Kuvertüre streifenförmig darauf verteilen. Mit einem Holzstäbchen Muster in die Kuvertüre ziehen und kalt stellen.

4. Kuchen aus dem Ofen nehmen und auf einem Kuchengitter abkühlen lassen. Dann aus der Form nehmen und auskühlen lassen. Restliche dunkle Kuvertüre nochmals schmelzen. Tortenrand damit einstreichen und trocknen lassen.

5. Sahne steif schlagen, 1 Esslöffel Zucker und Sahnefestiger einrieseln lassen. Sahne auf den Kuchen streichen. Marmorierte Kuvertüre in Stücke brechen. Kuchen mit Kuvertürestückchen und Mokkabohnen verzieren. Mit Kakao bestäuben.

Zeitaufwand: ca. 1 3/4 Stunden
Nährwerte: pro Stück ca. 2 100 kJ/500 kcal.

Außergewöhnlich gut!

Kuchen mi
gewissen Extra

Nusskuchen mit Snickers

Zutaten für ca. 24 Stücke:

- 175 g Snickers-Bonbons
- 175 g Butter
- 150 g Erdnuss-Butter (aus der Dose/dem Glas)
- 1 Päckchen Vanillin-Zucker
- 1 Prise Salz
- 200 g Zucker
- 6 Eier (Größe M)
- 500 g Mehl
- 1 Päckchen Backpulver
- 5–6 EL Milch
- 1–2 EL Puderzucker
- Fett und Mehl für Form
- nach Belieben 8–10 Snickers-Bonbons, Papiermanschetten und Geburtstagskerzen zum Verzieren

1. Snickers halbieren. Weiche Butter mit Erdnuss-Butter, Vanillin-Zucker, Salz und Zucker cremig rühren. Eier nacheinander unterrühren. Mehl mit Backpulver mischen, auf die Eiermasse sieben und mit der Milch unterrühren. Die Snickers unter den Teig heben.

2. Teig in eine gefettete, mit Mehl ausgestreute Springform mit Rohrbodeneinsatz (26 cm ∅) geben und glatt streichen. Im vorgeheizten Backofen bei 200 °C (Umluft: 175 °C) 50–55 Minuten backen. Kuchen etwas abkülen lassen, aus der Form stürzen und auf einem Kuchengitter auskühlen lassen.

3. Den Kuchen vor dem Servieren mit Puderzucker bestäuben. Nach Belieben Snickers in kleine Manschetten setzen. Kuchen mit Geburtstagskerzen und Snickers verziert servieren.

Arbeitszeit: ca. 30 Minuten
Backzeit: 50–55 Minuten
Nährwerte: pro Stück ca. 1 090 kJ/260 kcal.

TIPP! ***Sie können den Kuchen auch mit einer Glasur überziehen. Dafür 200 g Zartbitter-Kuvertüre hacken und auf einem Wasserbad unter Rühren schmelzen lassen. Die Glasur etwas abkühlen lassen und gleichmäßig über den Kuchen verteilen. Anschließend gut trocknen lassen. So bleibt der Kuchen länger frisch.***

Milchkaffee-Biskuitrolle

Zutaten für ca. 10 Stücke:
- 3 Eier (Größe M)
- 175 g Zucker
- 1 Prise Salz
- 2 Päckchen Vanillin-Zucker
- 125 g Mehl
- 1 1/2 TL Backpulver
- 50 ml Milch
- 200 g frische oder tiefgefrorene Himbeeren
- 6 Blatt weiße Gelatine
- 500 g Joghurt „Milchcafé"
- 200 g Schlagsahne
- Puderzucker zum Bestäuben
- 10 Himbeeren zum Verzieren
- Backpapier

1. Eier mit 125 g Zucker, Salz und 1 Päckchen Vanillin-Zucker ca. 10 Minuten dickcremig aufschlagen. Mehl mit Backpulver mischen, auf die Eimasse sieben und mit der Milch unter die Eimasse rühren.

2. Masse auf einem mit Backpapier ausgelegten Backblech glatt streichen. Im vorgeheizten Backofen bei 225 °C (Umluft: nicht geeignet) ca. 10 Minuten backen. Ein feuchtes Geschirrtuch mit 50 g Zucker bestreuen. Kuchen sofort auf das Geschirrtuch stürzen und das Backpapier vorsichtig abziehen. Überstehende Geschirrtuchseiten über den Biskuit schlagen und auskühlen lassen.

3. Inzwischen frische Himbeeren verlesen, tiefgefrorene Früchte auftauen lassen. Gelatine in kaltem Wasser einweichen. Joghurt glatt rühren. Gelatine ausdrücken, bei schwacher Hitze auflösen und mit 2–3 Esslöffel Joghurt verrühren. Dann die Gelatine unter den restlichen Joghurt rühren. 3–5 Minuten kühl stellen, bis er zu gelieren beginnt.

4. Sahne steif schlagen, 1 Päckchen Vanillin-Zucker dabei einrieseln lassen. Sahne unter den Joghurt heben. Joghurtsahne auf dem Biskuit verteilen, dabei rundherum einen ca. 1 cm breiten Rand lassen. Himbeeren darauf verteilen und von der Längsseite her aufrollen. Ca. 2 Stunden kühl stellen. Biskuitrolle in 10 Stücke schneiden. Mit Puderzucker bestäuben und mit je 1 Himbeere verziert servieren.

Arbeitszeit: ca. 40 Minuten
Backzeit: ca. 10 Minuten
Wartezeit: ca. 3 Stunden
Nährwerte: pro Stück ca. 1050 kJ/250 kcal.

Coco-Cheesecake

Zutaten für ca. 30 Stücke:
- 300 g Zwieback
- 150 g Butter
- 600 g Doppelrahm-Frischkäse
- 500 g Schmand oder saure Sahne
- Saft von 1 Limette
- 400 ml Kokosmilch (Dose)
- 200 g Zucker
- 2 Päckchen Vanillin-Zucker
- 8 Eier (Größe M)
- 2 EL Mehl
- 50 g Speisestärke
- 4 Limetten
- 1/2 frische Kokosnuss

1. Zwieback in einen Gefrierbeutel geben, verschließen und mit einer Kuchenrolle fein zermahlen. Butter schmelzen und mit den Zwiebackkrümeln vermengen. Die Masse auf eine Fettpfanne des Backofens (32 x 39 cm) geben und gut festdrücken. Ca. 1 Stunde kühl stellen.

2. Frischkäse mit Schmand, Limettensaft, Kokosmilch, Zucker und Vanillin-Zucker so lange verrühren, bis sich der Zucker gelöst hat. Die Eier nacheinander unterrühren. Mehl mit Speisestärke mischen, auf die Masse sieben und unterrühren.

3. Die Masse auf den Zwiebackboden geben und glatt streichen. Im vorgeheizten Backofen bei 175 °C (Umluft: nicht geeignet) ca. 10 Minuten backen. Dann die Temperatur auf 150 °C reduzieren und ca. 40 Minuten weiterbacken. Kuchen 10–15 Minuten im ausgeschalteten Backofen ruhen lassen. Herausnehmen und auf einem Kuchengitter auskühlen lassen.

4. Limetten waschen, trockenreiben und in dünne Scheiben schneiden. Das Fruchtfleisch von der Kokosnuss in Würfel schneiden. Den Kuchen in ca. 30 Stücke schneiden, mit Limettenscheiben und Kokoswürfeln verzieren.

Arbeitszeit: ca. 30 Minuten
Backzeit: ca. 50 Minuten
Wartezeit: ca. 1 Stunde
Nährwerte: pro Stück ca. 1 090 kJ/260 kcal.

Kaffee-Streuselkuchen

Zutaten für ca. 24 Stücke:
- 375 g Butter
- 500 g + 1 EL Mehl
- 450 g Zucker
- 2 Päckchen Vanillin-Zucker
- 1 Prise Salz
- 2 TL Backpulver
- 75 g Amarettini (ital. Mandelgebäck)
- 3 EL Amaretto (Mandellikör)
- 5–6 TL löslicher Espressokaffee
- 7 Eier (Größe M)
- 500 g Magerquark
- 1 EL Speisestärke
- evtl. Sahne, Kakao und Schokoladen-Mokkabohnen zum Verzieren
- Fett für die Fettpfanne

1. 350 g Butter in einem Topf schmelzen. 500 g Mehl mit 250 g Zucker, Vanillin-Zucker, Salz und Backpulver mischen. Butter nach und nach zugießen und alles zu Streuseln verkneten. Eine Fettpfanne (ca. 38 x 31 cm) fetten, ca. 2/3 der Streusel in die Form drücken. Amarettini fein mahlen, gut die Hälfte auf den Boden streuen.

2. 25 g Butter schmelzen, abkühlen lassen. Likör mit Kaffeepulver verrühren. Eier trennen. Quark mit Eigelb, 150 g Zucker, 1 Esslöffel Mehl, Stärke und Kaffee-Likörmischung verrühren. Butter unterrühren. Eiweiß in zwei Portionen steif schlagen, 25 g Zucker dabei einrieseln. Eischnee unter die Quarkmasse ziehen und auf den Boden streichen. Übrige Streusel mit Rest Amarettini mischen, Hälfte auf den Kuchen streuen.

3. Kuchen im vorgeheizten Backofen bei 175 °C (Umluft: nicht geeignet) 40–45 Minuten backen. Nach ca. 20 Minuten den Kuchen mit restlichen Streuseln bestreuen und zu Ende backen. Dann auf einem Kuchengitter auskühlen lassen und in ca. 24 Stücke schneiden. Nach Belieben mit einem Klecks Sahne, Kakao und Mokkabohnen verziert servieren.

Arbeitszeit: ca. 40 Minuten
Backzeit: 40–45 Minuten
Nährwerte: pro Stück ca. 1380 kJ/330 kcal.

Schokokuchen mit Waffelröllchen

Zutaten für ca. 16 Stücke:

125 g Waffelröllchen (z. B. Waffeletten)
100 g Zartbitter-Schokolade
250 g Butter/Margarine
175 g Zucker, 1 Prise Salz
1 Päckchen Vanillin-Zucker
5 Eier (Größe M)
500 g Mehl
1 Päckchen Backpulver
75 ml Milch
100 g Schlagsahne
10 g Kokosfett
150 g Halbbitter-Kuvertüre
25 g weiße Schokolade
Puderzucker zum Bestreuen
Fett und gemahlene Haselnüsse für die Form

1. 100 g Waffelröllchen mit einem scharfen Messer vorsichtig halbieren. Schokolade fein reiben. Fett mit Zucker, Vanillin-Zucker und Salz cremig rühren. Die Eier nacheinander unterrühren. Mehl mit Backpulver mischen und im Wechsel mit der Milch unter die Eiermasse rühren. Halbierte Kekse und Schokolade vorsichtig unterheben.

2. Eine Napfkuchenform (ca. 2,5 Liter Inhalt) fetten und mit gemahlenen Haselnüssen ausstreuen. Teig hineingeben und glatt streichen. Im vorgeheizten Backofen bei 175 °C (Umluft: 150 °C) ca. 1 Stunde backen. Etwas abkühlen lassen, aus der Form stürzen und auf einem Kuchengitter vollständig auskühlen lassen.

3. Sahne kurz aufkochen. Kokosfett zufügen und schmelzen lassen. Kuvertüre hacken und unter Rühren in der Sahne schmelzen. Kuvertüre auf dem Kuchen verteilen. Restliche Waffelröllchen längs halbieren oder vierteln. Kuchen damit verzieren. Weiße Schokolade mit einem Sparschäler zu Röllchen abziehen und auf den Kuchen streuen. Fest werden lassen und den Kuchen mit Puderzucker bestreut servieren.

Arbeitszeit: ca. 30 Minuten
Backzeit: ca. 1 Stunde
Wartezeit: ca. 1 Stunde
Nährwerte: pro Stück ca. 1890 kJ/450 kcal.

Riesen-Karamellschnitten

Zutaten für ca. 30 Stück:
- 400 g Riesen-Schokoladenkaramell-Bonbons (Tüte; z. B. von Storck)
- 1,4 kg Schlagsahne
- 250 g Zartbitter-Schokolade
- 8 Eier (Größe M)
- 350 g Zucker
- 1 Päckchen Vanillin-Zucker
- 1 Prise Salz
- 250 g Mehl
- 100 g Halbbitter-Kuvertüre
- 1 Glas Baby-Birnen (350 g)
- 3 Päckchen Sahnefestiger
- Fett für die Form
- Kakao zum Bestäuben
- Frischhaltefolie

1. Karamellbonbons, bis auf ca. 10 Stück zum Verzieren, und 1 kg Sahne unter Rühren aufkochen. Dann bei schwacher Hitze köcheln lassen, bis die Schokolade geschmolzen ist. Karamell-Sahne in eine Rührschüssel geben, mit Frischhaltefolie bedecken und über Nacht in den Kühlschrank stellen.

2. Für den Teig Schokolade fein reiben. Eier mit Zucker, Vanillin-Zucker und Salz ca. 10 Minuten cremig aufschlagen. Mehl darübersieben und unterheben. 400 g Sahne und Schokolade vorsichtig unterziehen. Masse auf die gefettete Fettpfanne des Backofens streichen. Im vorgeheizten Backofen bei 175 °C (Umluft: nicht geeignet) ca. 40 Minuten backen. Boden vom Formrand lösen und auf einem Kuchengitter auskühlen lassen.

3. Inzwischen Kuvertüre grob hacken und auf einem heißen Wasserbad schmelzen. Birnen abtropfen lassen, zur Hälfte in die geschmolzene Kuvertüre tauchen und trocknen lassen.

4. Karamellsahne steif schlagen, Sahnefestiger dabei einrieseln lassen. Karamellsahne, bis auf etwas zum Verzieren, auf den Boden streichen. Kuchen der Länge nach dritteln und in ca. 3,5 cm breite Streifen schneiden. Restliche Karamell-Sahne in einen Spritzbeutel mit Sterntülle füllen und Tuffs auf die Streifen spritzen. Übrige Karamellbonbons halbieren. Den Kuchen mit Birnen und Karamellbonbons verzieren. Mit Kakao bestäubt servieren.

Arbeitszeit: ca. 1 Stunde
Backzeit: ca. 40 Minuten
Wartezeit: ca. 12 Stunden
Nährwerte: pro Stück ca. 1550 kJ/370 kcal.

Rocher-Gugelhupf

Zutaten für ca. 16 Stücke:
- 250 g Butter/Margarine
- 200 g Zucker
- 1 Päckchen Vanillin-Zucker
- 1 Prise Salz
- 4 Eier (Größe M)
- 250 g Mehl
- 50 g Speisestärke
- 3 TL Backpulver
- 4 EL Schlagsahne
- 150 g Ferrero Rocher (knusprige Nuss-Pralinen mit Nougat-Creme; 12 Stück)
- 1 Päckchen dunkle Kuchenglasur (100 g)
- 2 EL gehackte Haselnüsse
- Fett und Paniermehl für die Form

1. Zimmerwarmes Fett mit Zucker, Vanillin-Zucker und Salz cremig rühren. Eier nacheinander unterrühren. Mehl mit Stärke und Backpulver mischen, daraufsieben und im Wechsel mit Sahne unter die Eimasse rühren. Pralinen halbieren und unterheben.

2. Eine Gugelhupfform (ca. 2,5 Liter Inhalt) fetten und mit Paniermehl ausstreuen. Den Teig hineinfüllen und glatt streichen. Im vorgeheizten Backofen bei 175 °C (Umluft: 150 °C) ca. 45 Minuten backen. Kuchen in der Form ca. 10 Minuten ruhen lassen, auf ein Kuchengitter stürzen und auskühlen lassen.

3. Kuchenglasur im heißen Wasserbad schmelzen lassen und mit den Haselnüssen vermengen. Die Glasur auf den Kuchen verteilen und fest werden lassen.

Arbeitszeit: ca. 20 Minuten
Backzeit: ca. 45 Minuten
Wartezeit: ca. 1 3/4 Stunden
Nährwerte: pro Stück ca. 1550 kJ/370 kcal.

Himbeer-Muffins mit Schokobons

Zutaten für ca. 12 Stück:
3 Eier (Größe M)
75 ml Öl
400 g Puderzucker
1 Päckchen Vanillin-Zucker
Salz
250 g Vollmilch-Joghurt
300 g Mehl
1/2 Päckchen Backpulver
24 Kinder-Schokobons
100 g frische oder tiefgefrorene Himbeeren
1 Eiweiß
12 Papier-Backförmchen (5 cm ∅)

1. Eier trennen. Eigelb mit Öl cremig aufschlagen. 100 g Puderzucker, Vanillin-Zucker, Salz und Joghurt unterrühren. Eiweiß steif schlagen, dabei 50 g Puderzucker einrieseln lassen. Mehl und Backpulver mischen, auf die Joghurtmasse sieben und unterrühren. Den Eischnee locker unter den Teig ziehen.

2. Eine Muffinform (12 Mulden) mit Papierförmchen auslegen. Die Hälfte des Teiges darin verteilen. Jeweils 2 Schokobons hineinlegen und den restlichen Teig gleichmäßig darauf verteilen.

3. Muffins im vorgeheizten Backofen bei 175 °C (Umluft: 150 °C) ca. 20 Minuten backen. Aus dem Ofen nehmen, Förmchen herausnehmen und auf einem Kuchengitter auskühlen lassen.

4. Frische Himbeeren verlesen, tiefgefrorene Früchte auftauen lassen. 250 g Puderzucker mit Eiweiß zu einem glatten Guss verrühren, eventuell 1 Esslöffel Wasser unterrühren. Guss auf den Muffins verteilen und mit Himbeeren verzieren. Trocknen lassen.

Arbeitszeit: ca. 45 Minuten
Backzeit: ca. 20 Minuten
Wartezeit: ca. 1 Stunde
Nährwerte: pro Stück ca. 1550 kJ/370 kcal.

Vanille-Mousse-Blechkuchen

Zutaten für ca. 24 Stücke:
- 100 g Zartbitter-Schokolade
- 2 EL Espressopulver (Instant)
- 6 EL + 300 g Schlagsahne
- 250 g Butter/Margarine
- 300 g Zucker
- 1 Prise Salz
- 1 Päckchen Vanillin-Zucker
- 6 Eier (Größe M)
- 150 g Mehl
- 150 g Speisestärke
- 1 Päckchen Backpulver
- 600 ml Milch
- 3 Packungen Mousse à la Vanille (für je 200 ml Milch und 100 g Schlagsahne)
- 1 Packung Amicelli (16 Stück; 200 g)
- Cocktailkirschen und Minze zum Verzieren
- Fett für Fettpfanne

1. Die Schokolade fein reiben. Espressopulver mit 2 Esslöffel kochendem Wasser verrühren. Etwas abkühlen lassen und mit 6 Esslöffel Sahne verrühren. Fett mit Zucker, Salz und Vanillin-Zucker cremig rühren. Eier trennen. Eigelb unterrühren. Mehl mit Speisestärke und Backpulver mischen, auf die Fett-Eimasse sieben und unterrühren. Schokolade unterrühren. Eiweiß in zwei Portionen steif schlagen und locker unter den Teig heben.

2. Teig auf eine gefettete Fettpfanne geben und glatt streichen. Im vorgeheizten Backofen bei 175°C (Umluft: 150 °C) 20–25 Minuten backen. Auf einem Kuchengitter auskühlen lassen.

3. Milch mit 300 g Sahne in eine Rührschüssel geben, Cremepulver zufügen und mit den Schneebesen des Handrührgerätes ca. 1 Minute auf niedrigster Stufe verrühren. Dann auf höchster Stufe ca. 5 Minuten dickcremig aufschlagen. Die Mousse locker auf den Boden streichen und ca. 2 Stunden kühl stellen.

4. Kuchen in ca. 24 Stücke schneiden. Amicelli halbieren. Die Kuchenstücke mit Amicelli und nach Belieben mit Cocktailkirschen und Minze verziert servieren.

Zeitaufwand: ca. 1 Stunde
Wartezeit: ca. 3 Stunden
Nährwerte: pro Stück ca. 1 470 kJ/350 kcal.

Fanta-Limetten-Kuchen

Zutaten für ca. 24 Stücke:

- 5 Eier (Größe M)
- 250 g Zucker
- 1 Päckchen Vanillin-Zucker
- 125 ml Öl
- 200 ml Fanta mit Limetten-Geschmack
- 350 g Mehl
- 1 Päckchen Backpulver
- 200 g Puderzucker
- Geleefrüchte zum Verzieren
- Fett für das Blech

1. Eier mit Zucker und Vanillin-Zucker cremig rühren. Öl und 175 ml Fanta zugießen und unterrühren. Mehl mit Backpulver mischen, auf die Eiermasse sieben und unterrühren.

2. Backblech des Backofens (32 x 38 cm) fetten. Den Teig daraufgeben und glatt streichen. Im vorgeheizten Backofen bei 175 °C (Umluft: 150°C) ca. 25 Minuten backen. Den Kuchen herausnehmen und auf einem Kuchengitter auskühlen lassen.

3. Puderzucker mit 25 ml Fanta zu einem glatte Guss verrühren. Auf dem ausgekühlten Kuche verteilen und trocknen lassen. Kuchen in Stück schneiden und mit Geleefrüchten verzieren.

Arbeitszeit: ca. 20 Minuten
Backzeit: ca. 25 Minuten
Wartezeit: ca. 45 Minuten
Nährwerte: pro Stück ca. 790 kJ/190 kcal.

Himbeer-Cappuccino-Kuchen

Zutaten für ca. 20 Stücke:
- 4 Eier (Größe M)
- 150 g Zucker
- 3 Päckchen Vanillin-Zucker
- 125 g Mehl
- 1 TL Backpulver
- 50 g gemahlene Mandeln
- 100 g Raspelschokolade
- 250 g Himbeeren
- 12 Blatt Gelatine
- 1 kg Schlagsahne
- 4 EL lösliches Cappuccinopulver
- 75 g Schoko-Waffelröllchen
- Fett für das Blech

1. Eier mit 4 Esslöffel heißem Wasser ca. 10 Minuten cremig aufschlagen. Zucker und 1 Päckchen Vanillin-Zucker dabei einrieseln lassen, weitere 2 Minuten verrühren. Mehl mit Backpulver und Mandeln mischen, unter die Eiermasse rühren. Raspelschokolade unterheben. Masse auf ein gefettetes Backblech streichen und im vorgeheizten Backofen bei 175 °C (Umluft: nicht geeignet) 30–35 Minuten backen.

2. Inzwischen frische Himbeeren verlesen, tiefgefrorene Früchte auftauen lassen. Boden auf ein feuchtes Geschirrtuch stürzen und mit einem weiteren Geschirrtuch abdecken. Gelatine in kaltem Wasser einweichen. Cappuccinopulver mit 6 Esslöffel heißem Wasser verrühren. Gelatine ausdrücken und darin auflösen. Abkühlen lassen.

3. Sahne in 2 Portionen steif schlagen, je 1 Päckchen Vanillin-Zucker dabei einrieseln lassen. Boden längs halbieren. 2–3 Esslöffel Sahne unter den Cappuccino rühren, Mischung unter die übrige Sahne rühren. Hälfte Himbeeren unterheben.

4. Einen Boden in einen eckigen Backrahmen legen (ca. 18,5 x 16 cm; ersatzweise aus starker Alufolie einen Rahmen formen), mit Hälfte der Cappuccinocreme bestreichen. Zweiten Boden darauflegen und mit übriger Creme bestreichen. Mindestens 3 Stunden kühl stellen. Kuchen in Stücke schneiden. Waffelröllchen grob hacken. Die Kuchenstücke mit Himbeeren und Waffelröllchen verzieren.

Arbeitszeit: ca. 45 Minuten
Backzeit: 30–35 Minuten
Wartezeit: ca. 3 Stunden
Nährwerte: pro Stück ca. 1260 kJ/300 kcal.

Erdnuss-Krokant-Rehrücken

Zutaten für ca. 15 Stücke:
320 g Zucker
150 g ungesalzene geröstete Erdnusskerne
100 g Zartbitter-Schokolade
250 g weiche Butter/Margarine
1 Päckchen Vanillin-Zucker
1 Prise Salz
4 Eier (Größe M)
50 g Speisestärke
200 g Mehl
1 TL Backpulver
250 g Halbbitter-Kuvertüre
Fett und Paniermehl für die Form
1 Stück geölte Alufolie

1. 120 g Zucker in einer Pfanne erhitzen und goldbraun karamellisieren lassen. Erdnüsse unterrühren, dann auf ein Stück geölte Alufolie verteilen und auskühlen lassen.

2. Schokolade grob hacken. Fett mit 200 g Zucker, Vanillin-Zucker und Salz cremig rühren. Eier einzeln, im Wechsel mit der Stärke, unterrühren. Mehl mit Backpulver mischen, auf die Eiermasse sieben und unterrühren. Eine Rehrückenform (ca. 30 cm lang; 1 Liter Inhalt) gut fetten und mit Paniermehl ausstreuen. Ca. 1/3 des Teiges hineingeben und glatt streichen.

3. 2/3 des Erdnusskrokants grob hacken, mit der Schokolade unter den restlichen Teig heben und in der Form glatt streichen. Im vorgeheizten Backofen bei 175 °C (Umluft: 150 °C) ca. 50 Minuten backen. Kuchen in der Form etwas abkühlen lassen. Dann stürzen und vollständig auskühlen lassen.

4. Kuvertüre grob hacken und auf einem heißen Wasserbad schmelzen. Kuchen mit der Kuvertüre überziehen und etwas trocknen lassen. Mit restlichem Erdnusskrokant bestreuen und vollständig trocknen lassen.

Arbeitszeit: ca. 35 Minuten
Backzeit: ca. 50 Minuten
Wartezeit: ca. 3 Stunden
Nährwerte: pro Stück ca. 1930 kJ/460 kcal.

Kuhflecken-Kuchen

Zutaten für ca. 18 Stücke:
- 250 g Butter/Margarine
- 1 Prise Salz
- 225 g Zucker
- 2 Päckchen Vanillin-Zucker
- 6 Eier (Größe M)
- 500 g Mehl
- 1 Päckchen Backpulver
- 100 ml Mineralwasser
- 300 g Vollmilch-Kuvertüre
- 600 g Schlagsahne
- 150 g weiße Kuvertüre
- Fett für die Fettpfanne

1. Weiches Fett mit Salz, Zucker und Vanillin-Zucker cremig rühren. Die Eier nacheinander unterrühren. Mehl mit Backpulver mischen, im Wechsel mit dem Mineralwasser unter die Eiermasse rühren.

2. Fettpfanne des Backofens fetten und den Teig daraufstreichen. Im vorgeheizten Backofen bei 175 °C (Umluft: 150 °C) ca. 20 Minuten backen. Auf einem Kuchengitter auskühlen lassen.

3. Kuvertüre grob hacken. Sahne erhitzen (nicht kochen), Kuvertüre zugeben und unter Rühren schmelzen lassen. Schokosahne ca. 3 Stunden kalt stellen. Dann mit den Schneebesen des Handrührgerätes cremig aufschlagen. Auf den Kuchen streichen. Ca. 30 Minuten kühl stellen.

4. Inzwischen weiße Kuvertüre grob hacken und auf einem heißen Wasserbad schmelzen lassen. Kuvertüre mit einem Teelöffel fleckenartig auf den Kuchen streichen. Fest werden lassen und in Stücke schneiden.

Arbeitszeit: ca. 40 Minuten
Backzeit: ca. 20 Minuten
Wartezeit: ca. 3 1/2 Stunden
Nährwerte: pro Stück ca. 2180 kJ/520 kcal.

TIPP! ***Damit die Sahne nicht ausflockt, nur erhitzen und nicht kochen lassen. Damit sie sich cremig aufschlagen lässt, muss sie sehr gut durchgekühlt sein. Wenn Sie ganz sicher gehen möchten, sollten Sie die Sahne über Nacht kalt stellen.***

Pfirsich-Himbeer-Törtchen

Zutaten für ca. 20 Stücke:
- 300 g tiefgefrorene Himbeeren
- 4 Dosen Pfirsiche (à 850 ml; à ca. 7 Stück)
- 250 g Butter/Margarine
- 200 g Zucker
- 5 Päckchen Vanillin-Zucker
- abgeriebene Schale von 1 unbehandelten Zitrone
- 1 Prise Salz
- 4 Eier (Größe M)
- 75 g Speisestärke
- 250 g Mehl
- 75 g gemahlene Mandeln (ohne Haut)
- 1/2 Päckchen Backpulver
- 500 g Schmand oder saure Sahne
- 625 g Schlagsahne
- Mark von 1 Vanilleschote
- 50 ml Himbeersoße (Flasche)
- Fett für das Backblech

1. Himbeeren auftauen lassen. 1 Dose Pfirsiche abgießen, abtropfen lassen und jeweils in je 3 Spalten schneiden. Fett mit Zucker, 1 Päckchen Vanillin-Zucker, Zitronenschale und Salz cremig rühren. Eier einzeln, im Wechsel mit der Speisestärke unterrühren. Mehl mit Mandeln und Backpulver mischen, unter die Eiermasse rühren.

2. Teig auf einem gefetteten Backblech (38 x 32 cm) glatt streichen. Pfirsichspalten und Hälfte der Himbeeren darauf verteilen und im vorgeheizten Backofen bei 175 °C (Umluft: 150 °C) 30–35 Minuten backen. Aus dem Ofen nehmen, auf ein Gitter stürzen und auskühlen lassen.

3. Schmand mit 500 g Sahne in zwei Portionen steif schlagen, 4 Päckchen Vanillin-Zucker dabei einrieseln lassen, Vanillemark unterrühren. Die Sahne-Schmandcreme gleichmäßig auf den Kuchen streichen. Ca. 1 1/2 Stunden kühl stellen.

4. Inzwischen 3 Dosen Pfirsiche abgießen, abtropfen lassen und trockentupfen. Kuchen in ca. 20 Stücke schneiden und mit je einer Pfirsichhälfte belegen. 125 g Sahne steif schlagen. Auf jede Pfirsichhälfte einen Klecks Sahne geben, etwas Himbeersoße darüberträufeln und mit restlichen Himbeeren verzieren.

Arbeitszeit: ca. 50 Minuten
Backzeit: 30–35 Minuten
Wartezeit: ca. 2 1/2 Stunden
Nährwerte: pro Stück ca. 1970 kJ/470 kcal.

Karamell-Küchlein mit Aprikosen

Zutaten für 6 Stück:

- 100 g Sahnekaramell-Bonbons (Tüte; z. B. Muh Muhs)
- 150 g Aprikosenhälften (aus der Dose)
- 175 g Butter/Margarine
- 1 Prise Salz
- 125 g brauner Zucker
- 1 Päckchen Vanillin-Zucker
- 4 Eier (Größe M)
- 325 g Mehl
- 1 Päckchen Backpulver
- 5 EL Milch
- 2 EL Aprikosen-Konfitüre
- brauner oder bunter Zucker zum Bestreuen
- Fett und Paniermehl für die Förmchen

1. Bonbons grob hacken. Aprikosen in kleine Würfel schneiden. Fett mit Salz, Zucker und Vanillin-Zucker cremig rühren. Eier einzeln unterrühren. Mehl mit Backpulver mischen, im Wechsel mit der Milch unter die Eimasse rühren. Bonbons und Aprikosenwürfel unter den Teig heben.

2. Mini-Königskuchen-Form (6 x 200 ml Inhalt) fetten und mit Paniermehl ausstreuen. Den Teig darin gleichmäßig verteilen und im vorgeheizten Backofen bei 175 °C (Umluft: 150 °C) ungefähr 25 Minuten backen. Aus dem Ofen nehmen, auf einem Gitter auskühlen lassen und vorsichtig aus den Mulden heben.

3. Aprikosen-Konfitüre erwärmen und durch ein Sieb streichen. Kuchen damit bestreichen und mit braunem oder buntem Zucker bestreuen. Küchlein mit Sahne servieren.

Arbeitszeit: ca. 30 Minuten
Backzeit: ca. 25 Minuten
Wartezeit: ca. 1 Stunde
Nährwerte: pro 1/2 Küchlein ca. 1380 kJ/330 kcal.

Ab in den Kühlschrank!

Himmlische ohne Backen

Heidelbeer-Quark-Torte

Zutaten für ca. 12 Stücke:
100 g Butter/Margarine
230 g Löffelbiskuits (Packung)
8 Blatt weiße Gelatine
400 g frische oder tiefgefrorene Heidelbeeren
100 g Zucker
1 unbehandelte Zitrone
500 g Magerquark
250 g Schlagsahne
Zitronenmelisse zum Verzieren
Gefrierbeutel
Backpapier

1. Fett schmelzen. Löffelbiskuits in einen Gefrierbeutel geben, verschließen und mit einer Kuchenrolle fein zermahlen. Fett mit den Biskuits vermengen. Den Boden einer Springform (26 cm ∅) mit Backpapier auslegen. Krümelmasse darin fest andrücken und ca. 30 Minuten kalt stellen.

2. Inzwischen Gelatine in kaltem Wasser einweichen. Frische Heidelbeeren verlesen, tiefgefrorene Früchte auftauen lassen. Einige Heidelbeeren zum Verzieren beiseite legen. Hälfte der übrigen Beeren mit Zucker pürieren.

3. Zitrone heiß waschen, trockenreiben und die Schale abreiben, den Saft auspressen. Quark mit Zitronensaft, -schale und Heidelbeerpüree verrühren. Sahne steif schlagen. Ausgedrückte Gelatine bei schwacher Hitze auflösen, mit 2–3 Esslöffel Quarkmasse verrühren. Dann die Gelatine in den restlichen Quark rühren. Ca. 10 Minuten kühl stellen.

4. Sobald der Quark zu gelieren beginnt, restliche Heidelbeeren und Sahne unterheben. Creme wellig auf den Boden streichen und mindestens 6 Stunden kalt stellen. Torte mit restlichen Heidelbeeren und Zitronenmelisse verzieren.

Arbeitszeit: ca. 40 Minuten
Wartezeit: ca. 6 Stunden
Nährwerte: pro Stück
ca. 1090 kJ/260 kcal.

Erdbeer-Milchshake-Torte

Zutaten für ca. 12 Stücke:

80 g Butter
2 Packungen Eiswaffel-Schoko-Röllchen (à ca. 100 g)
70 g Löffelbiskuits
8 Blatt Gelatine
900 g frische oder tiefgefrorene Erdbeeren
100 g Zucker
Saft von 1 Zitrone
250 g Schlagsahne
500 g Dickmilch
1 EL Puderzucker
Gefrierbeutel, Backpapier

1. Butter schmelzen und etwas abkühlen lassen. 80 g Eiswaffel-Röllchen und Löffelbiskuits in einen Gefrierbeutel geben, verschließen und mit einer Kuchenrolle fein zermahlen. Brösel mit dem Fett verrühren. Boden einer Springform (26 cm ∅) mit Backpapier auslegen. Bröselmasse daraufgeben, fest andrücken und ca. 30 Minuten kühl stellen.

2. Gelatine in kaltem Wasser einweichen. Frische Erdbeeren waschen, putzen und abtropfen lassen. Tiefgefrorene Früchte auftauen lassen. 150 g Erdbeeren zum Verzieren beiseite legen. 250 g Erdbeeren in kleine Stücke schneiden. 500 g Erdbeeren mit Zucker und Zitronensaft pürieren. Gelatine ausdrücken, bei schwacher Hitze auflösen und unter das Püree rühren.

3. Sahne steif schlagen und unter die Hälfte des Erdbeerpürees heben. Übriges Erdbeerpüree und Erdbeerstücke mit der Dickmilch verrühren. Beide Cremes in Klecksen auf den Bröselboden geben. Im Kühlschrank mindestens 2 Stunden kühl stellen. Torte aus der Form lösen und auf eine Platte setzen. Mit restlichen Erdbeeren und Waffelröllchen verzieren. Mit Puderzucker bestäubt servieren.

Arbeitszeit: ca. 40 Minuten
Wartezeit: ca. 2 1/2 Stunden
Nährwerte: pro Stück ca. 1130 kJ/270 kcal.

Beerentorte mit Schokocreme

Zutaten für ca. 16 Stücke:
100 g weiße Schokolade
100 g Zartbitter-Schokolade
600 g Schlagsahne
100 g Butter/Margarine
200 g Butterkekse
4 EL Zucker
6 Blatt Gelatine
1 Packung tiefgefrorener Beerenmix (500 g)
3 EL Orangensaft
4 Päckchen Vanillin-Zucker
4 Päckchen Sahnefestiger
50 g dunkle Schokotröpfchen (Packung)
50 g weiße Schokoladenstückchen (Packung)
75 g Mandelblättchen
Himbeeren zum Verzieren
Gefrierbeutel, Backpapier

1. Die Schokoladen getrennt grob hacken. 250 g Sahne aufkochen, die weiße Schokolade darin schmelzen lassen. 250 g Sahne aufkochen, die Zartbitter-Schokolade darin schmelzen. Beide Schokoladen-Mischungen mindestens 4 Stunden kühl stellen.

2. Fett schmelzen lassen. Butterkekse in einen Gefrierbeutel geben, verschließen und mit einer Kuchenrolle fein zermahlen. Fett mit den Butterkeksen und 1 Esslöffel Zucker vermengen. Keksmasse in eine mit Backpapier ausgelegte Springform (26 cm ∅) geben, fest andrücken und ca. 30 Minuten kühl stellen.

3. In der Zwischenzeit die Gelatine in kaltem Wasser einweichen. Beerenmix mit 3 Esslöffel Zucker und Orangensaft aufkochen. Ausgedrückte Gelatine darin auflösen. Beerenmix auf den Butterkeksboden verteilen und mindestens 4 Stunden kalt stellen.

4. Weiße und dunkle Schokomasse getrennt steif schlagen, jeweils 2 Päckchen Vanillin-Zucker und 2 Päckchen Sahnefestiger dabei einrieseln lassen. Dunkle Schokotröpfchen unter die weiße Creme heben und auf den Beerenmix streichen. Unter die dunkle Schokoladencreme weiße Schokoladenstückchen heben und auf die weiße Creme streichen. Ca. 1 Stunde kühl stellen.

5. 100 g Sahne steif schlagen, in einen Spritzbeutel mit Sterntülle geben und ca. 16 Tuffs an den Tortenrand spritzen. Mandelblättchen in einer Pfanne ohne Fett goldbraun rösten, abkühlen lassen. Torte mit Mandelblättchen und Himbeeren verzieren.

Arbeitszeit: ca. 1 1/4 Stunden
Wartezeit: ca. 5 Stunden
Nährwerte: pro Stück ca. 1590 kJ/380 kcal.

Bananen-Marshmallow-Torte

Zutaten für ca. 16 Stücke:
- 300 g Halbbitter-Kuvertüre
- 160 g Marshmallows
- 250 g weiße Kuvertüre
- 4 Blatt Gelatine
- 200 g Doppelrahm-Frischkäse
- 150 g Vollmilch-Joghurt
- 1 Päckchen Vanillin-Zucker, 30 g Zucker
- 250 g Schlagsahne
- ca. 10 g Mini-Marshmallows zum Verzieren
- 1 Banane (ca. 200 g)
- 1–2 EL Zitronensaft
- Limettenspalten zum Verzieren
- Backpapier

1. 250 g Halbbitter-Kuvertüre hacken, auf einem heißen Wasserbad schmelzen. 150 g Marshmallows in Stücke schneiden, mit der Schokolade mischen. Boden einer Springform (26 cm ∅) mit Backpapier auslegen. Masse darin zu einem Boden andrücken, ca. 30 Minuten kalt stellen.

2. 200 g weiße Kuvertüre grob raspeln. Gelatine in kaltem Wasser einweichen. Frischkäse mit Joghurt (bis auf 3 Esslöffel), Vanillin-Zucker und Zucker cremig rühren. Weiße Kuvertüre unterheben. Gelatine ausdrücken, bei schwacher Hitze auflösen und mit 2–3 Esslöffel Joghurtcreme verrühren. Dann in die übrige Creme rühren. Kalt stellen, bis die Masse zu gelieren beginnt. Sahne steif schlagen und unter die Creme heben. Auf den Marshmallow-Boden streichen und mindestens 4 Stunden kalt stellen.

3. 50 g weiße Küverture auf einem heißen Wasserbad schmelzen. Auf ein Brett streichen, erstarren lassen. Mit einem Spachtel Röllchen abschaben. 50 g Halbbitter-Kuvertüre schmelzen. Rest Marshmallows bis zur Hälfte hineintauchen. Trocknen lassen. Banane in Scheiben schneiden, mit Zitronensaft beträufeln. Torte mit Marshmallows, Bananen, Limetten und Röllchen verzieren.

Arbeitszeit: ca. 1 1/4 Stunden
Wartezeit: ca. 4 Stunden
Nährwerte: pro Stück ca. 1460 kJ/350 kcal.

Joghurt-Zitronen-Kuchen

Zutaten für ca. 12 Stücke:
100 g Butter
225 g Mini-Kokos-Zwieback
8 Blatt Gelatine
3 Eigelb (Größe M)
125 g Zucker
500 g Vollmilch-Joghurt
abgeriebene Schale und Saft von
1 unbehandelten Zitrone
400 g Schlagsahne
10 g Kokosraspel
Mini-Kokos-Zwieback und Zitronenschalen-Spiralen zum Verzieren
1 großer Gefrierbeutel
Backpapier

1. Butter schmelzen und etwas abkühlen lassen. Zwieback in einen Gefrierbeutel füllen, verschließen und mit einer Kuchenrolle fein zermahlen. Brösel mit der flüssigen Butter mischen. Boden einer Springform (26 cm ∅) mit Backpapier auslegen. Die Bröselmasse darin zu einem flachen Boden andrücken und ca. 30 Minuten kalt stellen.

2. Gelatine in kaltem Wasser einweichen. Eigelb mit Zucker 3–5 Minuten cremig aufschlagen. Joghurt, Zitronenschale und -saft in eine Schüssel geben, Eicreme einrühren.

3. Gelatine ausdrücken, bei schwacher Hitze auflösen und mit 2–3 Esslöffel Joghurtcreme verrühren, dann die Gelatine unter die übrige Joghurtcreme rühren. Creme ca. 10 Minuten kalt stellen, bis sie zu gelieren beginnt. 200 g Sahne steif schlagen und unterheben. Creme auf dem Zwiebackboden verstreichen und mindestens 4 Stunden kalt stellen.

4. Kokosraspel in einer Pfanne ohne Fett goldbraun rösten, herausnehmen und abkühlen lassen. Kuchen aus der Form lösen. 200 g Sahne steif schlagen und locker auf der Torte verstreichen. Kokosraspel auf die Sahne streuen. Torte vor dem Servieren mit diagonal halbierten Mini-Kokos-Zwiebäcken und Zitronenschale verzieren.

Arbeitszeit: ca. 40 Minuten
Wartezeit: ca. 4 1/2 Stunden
Nährwerte: pro Stück ca. 1 420 kJ/340 kcal.

Johannisbeer-Amicelli-Torte

Zutaten für ca. 12 Stücke:
75 g Butter
100 g Löffelbiskuits
2 Päckchen Amicelli (à 200 g; 16 Stück)
2 Tüten Götterspeise „Himbeer-Geschmack“ (für je 500 ml Wasser)
500 g Magermilch-Joghurt
3 EL Zitronensaft
200 g Zucker
200 g Johannisbeeren
500 g Schlagsahne
Zitronenmelisse zum Verzieren
Öl für die Form, Gefrierbeutel

1. Butter schmelzen. Löffelbiskuits und 13 Waffelröllchen in einen Gefrierbeutel geben, verschließen und mit einer Kuchenrolle fein zermahlen. Brösel mit der Butter vermengen. Springformboden (26 cm ∅) mit Öl bestreichen, die Bröselmasse darauf fest andrücken und ca. 30 Minuten kalt stellen.

2. Götterspeise in einem Topf mit 250 ml Wasser anrühren und 5–10 Minuten quellen lassen. Joghurt mit Zitronensaft verrühren. Zucker zur Götterspeise geben und unter Rühren erhitzen, bis sich der Zucker gelöst hat (nicht kochen!). Abkühlen lassen.

3. Johannisbeeren waschen und von den Rispen streifen. Götterspeise mit Joghurt verrühren. 250 g Sahne steif schlagen. Sobald die Götterspeise zu gelieren beginnt, Sahne und 150 g Johannisbeeren unterheben. Die Masse auf dem Boden glatt streichen und mindestens 4 Stunden kalt stellen.

4. 250 g Sahne steif schlagen. Restliche Waffelröllchen schräg halbieren. Torte aus der Form lösen und auf eine Platte legen. $^{2}/_{3}$ der Sahne auf die Torte streichen. Restliche Sahne in einen Spritzbeutel mit kleiner Lochtülle füllen. Rand der Torte abwechselnd mit Sahnestreifen und Waffelröllchen verzieren. Übrige Johannisbeeren auf die Torte streuen. Mit Melisseblättchen verzieren. Bis zum Servieren kalt stellen.

Arbeitszeit: ca. 1 Stunde
Wartezeit: ca. 4 $^{1}/_{2}$ Stunden
Nährwerte: pro Stück ca. 1970 kJ/470 kcal.

Tequila-Sunrise Schnitten

Zutaten für ca. 15 Schnitten:
1 Packung fertiger Sandkuchen „Zitronen-Geschmack" (400 g)
150 g Aprikosenkonfitüre
9 Blatt weiße Gelatine
250 g Schlagsahne
75 ml Campari
20 ml Tequila
250 ml Orangensaft
abgeriebene Schale von 1 unbehandelten Zitrone
100 g brauner Zucker
250 g Mascarpone (ital. Frischkäse)
Zitronen- oder Orangenschnitze,
rote oder grüne Cocktailkirschen, Minze und abgeriebene Orangenschale zum Verzieren

1. Den Sandkuchen in 10 Scheiben schneiden. 2 Scheiben längs halbieren. Einen verstellbaren Backrahmen (28 x 20,5 cm) auf ein Brett setzen. Kuchenscheiben nebeneinander als Boden hineinlegen. Mit Aprikosenkonfitüre bestreichen.

2. Gelatine in kaltem Wasser einweichen. Sahne steif schlagen. Campari mit Tequila, Orangensaft, Zitronenschale und Zucker mischen und unter den Mascarpone rühren.

3. Gelatine ausdrücken, bei schwacher Hitze auflösen und mit 2–3 Esslöffel Mascarponecreme verrühren. Dann die Gelatine unter die restliche Mascarponemasse rühren. 2–4 Minuten kühl stellen, bis die Masse zu gelieren beginnt. Dann die Sahne portionsweise unterheben. Die Mascarponecreme auf den Boden streichen und mindestens 4 Stunden kühl stellen.

4. Anschließend den Kuchen aus dem Backrahmen lösen und in ca. 15 Schnitten schneiden. Mit Zitronen- oder Orangenschnitzen, roten oder grünen Cocktailkirschen, Minze und abgeriebener Orangenschale verzieren.

Arbeitszeit: ca. 30 Minuten
Wartezeit: ca. 4 Stunden
Nährwerte: pro Schnitte ca. 1340 kJ/320 kcal.

Spekulatius-Preiselbeer-Torte

Zutaten für ca. 12 Stück:

- 200 g Gewürz Spekulatius
- je 50 g Vollmilch- und Zartbitter-Schokolade
- 40 g Butter
- 11 Blatt weiße Gelatine
- 500 g Vollmilch-Joghurt
- 250 g Schmand oder saure Sahne
- 1 Päckchen Vanillin-Zucker
- 75 g Zucker
- 1 EL Zitronensaft
- 200 g angedickte Preiselbeeren (aus dem Glas)
- 250 g Schlagsahne
- je 100 g Halbbitter- und Vollmilch-Kuvertüre
- Puderzucker und Kakaopulver zum Bestäuben
- Öl für die Form
- Gefrierbeutel

1. Für den Boden Spekulatius in einen Gefrierbeutel füllen, verschließen und mit einer Kuchenrolle fein zerbröseln. Schokolade grob hacken. Schokolade mit Butter auf einem heißen Wasserbad schmelzen. Spekulatiusbrösel mit der Schoko-Fettmischung vermengen. Boden einer Springform (26 cm ∅) mit Öl bestreichen. Die Bröselmischung darin als Boden andrücken und ca. 30 Minuten kalt stellen.

2. Gelatine in kaltem Wasser einweichen. Joghurt mit Schmand, Vanillin-Zucker, Zucker, Zitronensaft und Preiselbeeren verrühren. Gelatine ausdrücken, bei schwacher Hitze auflösen und mit 2–3 Esslöffel Schmand-Creme verrühren, dann die Gelatine unter die restliche Creme rühren. 3–4 Minuten kühl stellen, bis die Creme zu gelieren beginnt. Sahne steif schlagen und unter die Schmand-Creme heben. Die Creme auf dem Boden glatt streichen und mindestens 4 Stunden kalt stellen.

3. Kuvertüre grob hacken und zusammen auf dem heißen Wasserbad schmelzen, dünn auf ein Brett (Marmor oder Porzellan) streichen und fest werden lassen. Anschließend mit einem Spachtel große Schokoladenröllchen abschaben. Torte aus der Form lösen. Mit Schokoladenröllchen verzieren und mit Puderzucker und Kakao bestäuben.

Arbeitszeit: ca. 50 Minuten
Wartezeit: ca. 5 Stunden
Nährwerte: pro Stück ca. 1840 kJ/440 kcal.

Schokoladentorte mit Marzipan

Zutaten für ca. 16 Stücke:

- je 200 g Vollmilch- und Zartbitter-Schokolade
- 800 g Schlagsahne
- 125 g Butter
- 175 g Zwieback
- 100 g Marzipan-Rohmasse
- 25 g Puderzucker
- rote Speisefarbe (aus der Tube)
- 1–2 EL Zucker
- 1 Päckchen Vanillin-Zucker
- 50 g Vollmilch-Schoko-Röllchen (Packung)
- Öl für Springform
- Puderzucker für die Arbeitsfläche

1. Schokolade grob hacken. 500 g Sahne erhitzen. Schokolade zufügen und unter Rühren schmelzen lassen. In eine Rührschüssel füllen und 2–3 Stunden kalt stellen.

2. Butter schmelzen und etwas abkühlen lassen. Zwieback in einen Gefrierbeutel geben, verschließen und mit einer Kuchenrolle fein zerbröseln. Butter mit den Bröseln vermengen. Springform (26 cm ∅) mit Öl ausstreichen. Die Bröselmischung darin als Boden andrücken. Ca. 30 Minuten kalt stellen.

3. Marzipan mit Puderzucker verkneten. Hälfte der Marzipanmasse mit Speisefarbe rot einfärben. Beide Massen auf einer mit Puderzucker bestäubten Arbeitsfläche ca. 2–3 mm dick ausrollen. Sterne ausstechen und in Zucker wenden.

4. Schokoladen-Sahne steif schlagen und auf den Boden streichen. 1–2 Stunden kühl stellen. 300 g Sahne steif schlagen, Vanillin-Zucker dabei einrieseln lassen. Schokoröllchen, bis auf 1 Esslöffel zum Bestreuen, unter die Sahne heben. Sahne auf die Schokocreme streichen. Mit übrigen Röllchen bestreuen und mit Marzipan-Sternen verziert servieren.

Arbeitszeit: ca. 1 Stunde
Wartezeit: 4–5 Stunden
Nährwerte: pro Stück ca. 1890 kJ/450 kcal.

Mandarinen-Quark-Torte

Zutaten für ca. 12 Stücke:
- 100 g Butter
- 200 g Zimtsterne
- 10 Blatt weiße Gelatine
- 2 Dosen Mandarin-Orangen (à 314 ml)
- 500 g Vollmilch-Joghurt
- 500 g Magerquark
- 125 g Mascarpone (ital. Frischkäse)
- 2 Päckchen Vanillin-Zucker
- 100 g Zucker
- 250 g Schlagsahne
- Zimtsterne zum Verzieren
- Zimt und Puderzucker zum Bestäuben
- Öl für die Form
- Gefrierbeutel

1. Butter schmelzen und etwas abkühlen lassen. Zimtsterne in einen Gefrierbeutel geben, verschließen und mit einer Kuchenrolle zermahlen. Zimtbrösel mit der Butter vermengen. Springform (26 cm ∅) mit Öl bestreichen und die Bröselmischung darin als Boden andrücken. Ca. 30 Minuten kalt stellen.

2. Gelatine in kaltem Wasser einweichen. Mandarinen auf ein Sieb gießen und gut abtropfen lassen, den Saft dabei auffangen. Joghurt mit Quark, Mascarpone, Vanillin-Zucker, Zucker und 6 Esslöffel Mandarinensaft glatt verrühren. Die Gelatine ausdrücken und bei schwacher Hitze auflösen. Gelatine mit 2–3 Esslöffel Quarkmasse verrühren. Dann die Gelatine unter die restliche Quarkmasse rühren. Mandarinen vorsichtig unterheben. 3–4 Minuten kalt stellen, bis die Creme zu gelieren beginnt.

3. Sahne steif schlagen und portionsweise unter die Quarkcreme heben. Creme auf den Boden geben und wellenförmig verstreichen. Torte mindestens 4 Stunden kühl stellen. Anschließend vom Formrand lösen und auf eine Tortenplatte setzen. Mit Zimtsternen verzieren. Mit Zimt und Puderzucker bestäubt servieren.

Arbeitszeit: ca. 45 Minuten
Wartezeit: ca. 4 Stunden
Nährwerte: pro Stück ca. 1550 kJ/370 kcal.

Mousse-Nusskuchen

Zutaten für ca. 12 Stücke:
- 100 g Butter
- 75 g Butterkekse
- 25 g Löffelbiskuits
- 75 g gehackte Walnusskerne
- 350 ml Milch
- 150 g Schlagsahne
- 2 Packungen „Mousse à la Vanille" (Cremepulver; für je 200 ml Milch und 100 g Schlagsahne)
- 2 rosa Grapefruits
- 75 g Marzipan-Rohmasse
- 30 g Puderzucker
- rote und gelbe Lebensmittelfarbe
- 2 EL Zucker, Öl für die Form
- Gefrierbeutel, Frischhaltefolie

1. Butter schmelzen und etwas abkühlen lassen. Butterkekse, Löffelbiskuits und 50 g Walnüsse in einen Gefrierbeutel geben, verschließen und mit einer Kuchenrolle fein zermahlen. Bröselmasse mit der Butter mischen. Boden einer Springform (24 cm ∅) mit Öl bestreichen, Bröselmasse darin als Boden andrücken, dabei am Rand etwas hoch ziehen. Ca. 30 Minuten kalt stellen.

2. Für die Creme Milch und Sahne in eine Rührschüssel füllen. Cremepulver zufügen und mit den Schneebesen des Handrührgerätes ca. 1 Minute auf niedrigster Stufe verrühren. Dann auf höchster Stufe ca. 5 Minuten dickcremig aufschlagen. Creme auf den Tortenboden streichen und ca. 1 Stunde kalt stellen.

3. Grapefruits schälen, so dass die weiße Haut vollständig entfernt ist. Eine Frucht in Scheiben schneiden. Aus der zweiten Frucht die Filets zwischen den Trennhäuten herausschneiden.

4. Marzipan mit Puderzucker verkneten. Je 1/3 mit Speisefarbe gelb und rot färben. Marzipan zwischen 2 Lagen Folie ausrollen und Sterne ausstechen. Sterne in Zucker wälzen. Torte aus der Form lösen, mit Grapefruits, Marzipansternen und 25 g gehackten Walnüssen verzieren.

Arbeitszeit: ca. 25 Minuten
Wartezeit: ca. 2 Stunden
Nährwerte: pro Stück ca. 1260 kJ/300 kcal.

I-love-you-Torte

Zutaten für ca. 12 Stücke:
- 100 g Butter
- 200 g Löffelbiskuits
- 1 Packung Götterspeise „Aprikosen-Geschmack" (für 500 ml Flüssigkeit)
- 400 g frische oder tiefgefrorene Erdbeeren
- 200 g Doppelrahm-Frischkäse
- 125 g Zucker
- 1 Päckchen Vanillin-Zucker
- 2 EL Zitronensaft
- 300 g Schlagsahne
- 1 Packung I love Milka-Pralinés „Erdbeer-Rahm" (150 g)
- Melisse zum Verzieren
- Gefrierbeutel, Backpapier

1. Butter schmelzen und abkühlen lassen. Löffelbiskuits in einen Gefrierbeutel füllen, verschließen und mit einer Kuchenrolle fein zermahlen. Brösel mit der Butter vermengen. Boden einer Springform mit Backpapier auslegen. Bröselmasse darin als Boden andrücken. Ca. 30 Minuten kühl stellen.

2. In der Zwischenzeit Götterspeise in einem kleinen Topf mit 1/4 Liter Wasser anrühren und ca. 5 Minuten quellen lassen. Frische Erdbeeren waschen, putzen und halbieren. Tiefgefrorene Früchte auftauen lassen. Frischkäse mit Zucker, Vanillin-Zucker und Zitronensaft verrühren.

3. Götterspeise erhitzen (nicht kochen lassen!). Götterspeise etwas abkühlen lassen und unter den Frischkäse rühren. Sahne steif schlagen und unterheben. 5 Esslöffel der Creme auf den Biskuitboden streichen. 2/3 der Erdbeeren darauf verteilen und mit restlicher Creme bestreichen. Mindestens 3 Stunden kühl stellen.

4. Torte aus der Springform lösen. Einige Schokoladenherzen in Scheiben schneiden. Torte mit Erdbeeren und ganzen und klein geschnittenen Schokoladenherzen belegen. Mit Melisseblättchen verziert servieren.

Arbeitszeit: ca. 45 Minuten
Wartezeit: ca. 2 Stunden
Nährwerte: pro Stück ca. 1470 kJ/350 kcal.

Himbeer-Frischkäse-Schnitten

Zutaten für ca. 16 Stücke:
300 g weiße Kuvertüre
200 g Frosties „Caramel-Geschmack"
2 Packungen Götterspeise „Himbeer-Geschmack" (für je 500 ml Flüssigkeit)
500 g frische oder tiefgefrorene Himbeeren
600 g Doppelrahm-Frischkäse
250 g Zucker
1 Päckchen Vanillin-Zucker
700 g Schlagsahne
Backpapier

1. Kuvertüre grob hacken und auf einem heißem Wasserbad schmelzen. Frosties in einen Gefrierbeutel geben, verschließen und grob zerbröseln. Mit der Kuvertüre mischen. Backpapier auf ein großes Brett legen und einen Backrahmen (26 x 28 cm) daraufstellen oder aus extrastarker Alufolie einen Rahmen formen. Schoko-Bröselmasse in der Form als Boden andrücken und ca. 30 Minuten kühl stellen.

2. In der Zwischenzeit Götterspeise in einem kleinen Topf mit 400 ml Wasser anrühren und ca. 5 Minuten quellen lassen. Frische Himbeeren verlesen, tiefgefrorene Früchte auftauen lassen. 100 g Himbeeren zum Verzieren beiseite legen. Frischkäse mit Zucker und Vanillin-Zucker verrühren. Götterspeise erhitzen (nicht kochen lassen!). Götterspeise etwas abkühlen lassen.

3. Götterspeise unter den Frischkäse rühren. 500 g Sahne steif schlagen. Sahne und Himbeeren unter die Creme heben. Creme auf den Frosties-Boden streichen und mindestens 4 Stunden kalt stellen.

4. Torte aus dem Backrahmen lösen und in Stücke schneiden. 200 g Sahne steif schlagen und in einen Spritzbeutel mit mittlerer Lochtülle geben. Himbeerstücke mit Sahne und restlichen Himbeeren verzieren.

Arbeitszeit: ca. 45 Minuten
Wartezeit: ca. 4 1/2 Stunden
Nährwerte: pro Stück ca. 2 100 kJ/500 kcal.

Amarettini-Trauben-Torte

Zutaten für ca. 12 Stücke:
- 125 g Butter
- 175 g Butterkekse
- 100 g Amarettini (italienisches Mandelgebäck)
- je 200 g grüne und blaue Weintrauben
- 6 Blatt weiße Gelatine
- 600 g Doppelrahm-Frischkäse
- Saft von 1 Zitrone
- 125 g Zucker
- 2 Päckchen Vanillin-Zucker
- 250 g Schlagsahne
- Gefrierbeutel

1. Butter schmelzen und etwas abkühlen lassen. Butterkekse und 75 g Amarettini in einen Gefrierbeutel füllen, verschließen und mit einer Kuchenrolle fein zermahlen. Butter mit den Bröseln vermengen. Einen Springformring (26 cm ∅) auf eine Tortenplatte stellen. Bröselmasse darin als Boden andrücken. Ca. 30 Minuten kalt stellen.

2. Je 150 g Weintrauben waschen, abtropfen lassen, halbieren und die Kerne entfernen. Gelatine in kaltem Wasser einweichen. Frischkäse mit 2 Esslöffel Zitronensaft, 75 g Zucker und Vanillin-Zucker verrühren. Die Gelatine ausdrücken, bei schwacher Hitze auflösen und unter die Creme ziehen. Sahne steif schlagen und unterheben. Halbierte Weintrauben unterheben.

3. Creme auf den Tortenboden streichen. Torte mindestens 4 Stunden kalt stellen. Restliche Weintrauben waschen und trockentupfen. Trauben im übrigen Zitronensaft wenden und in 50 g Zucker wälzen. Restliche Amarettini zerbröseln. Torte kurz vor dem Servieren mit Weintrauben und Amarettini verzieren.

Arbeitszeit: ca. 1 Stunde
Wartezeit: ca. 2 Stunden
Nährwerte: pro Stück ca. 1800 kJ/430 kcal.

Melonen-Raffaello-Kuchen

Zutaten für ca. 12 Stücke:
- 100 g Löffelbiskuits
- 250 g Raffaello
- 30 ml Kokoslikör
- 1 Beutel Götterspeise „Zitronen-Geschmack" (für 500 ml Flüssigkeit)
- 200 g fettarmer Frischkäse
- 100 g Zucker
- 1 Päckchen Vanillin-Zucker
- 800 g Honigmelone
- 300 g Schlagsahne
- 20 g Kokosraspel
- 80 g frische oder tiefgefrorene Himbeeren
- 3 Raffaello, Zitronenschale und Zitronenmelisse zum Verzieren
- Gefrierbeutel

1. Löffelbiskuits in einen Gefrierbeutel füllen, verschließen und mit einer Kuchenrolle sehr fein zermahlen. Raffaellos fein hacken. Beides mit Kokoslikör vermengen. Einen Springformring (26 cm ∅) auf eine Tortenplatte stellen. Bröselmasse in der Form als Boden andrücken. Ca. 30 Minuten kalt stellen.

2. In der Zwischenzeit Götterspeise in einem Topf mit 200 ml Wasser anrühren und ca. 5 Minuten quellen lassen. Frischkäse mit Zucker und Vanillin-Zucker verrühren. Götterspeise erhitzen (nicht kochen lassen!). Götterspeise etwas abkühlen lassen.

3. Melone entkernen und, bis auf ein kleines Stück zum Verzieren, schälen und 400 g Fruchtfleisch in Würfel schneiden. Götterspeise unter den Frischkäse rühren. Sahne steif schlagen, mit den Melonenstücken unter die Creme heben. Creme auf den Boden streichen und mindestens 4 Stunden kalt stellen.

4. Kokosraspel in einer Pfanne ohne Fett goldbraun rösten. Abkühlen lassen. Restliche Melone in Stücke schneiden. Frische Himbeeren verlesen, tiefgefrorene Früchte auftauen lassen. Torte vom Springformrand lösen. Tortenrand mit Kokosraspeln bestreuen. Mit Himbeeren, Melone und Raffaellos belegen. Mit Zitronenschale und Melisseblättchen verziert servieren.

Arbeitszeit: ca. 50 Minuten
Wartezeit: ca. 4 Stunden
Nährwerte: pro Stück ca. 1550 kJ/370 kcal.

Heidelbeer-Waffel-Törtchen

Zutaten für ca. 24 Stücke:
- 8 Frischeiwaffeln (9 x 12 cm)
- 8 Blatt weiße Gelatine
- 400 g Heidelbeeren
- 2 EL Zitronensaft
- 100 g Puderzucker
- 500 g Magermilch-Joghurt
- 250 g Schlagsahne
- 50 g weiße Kuvertüre
- Alufolie, 1 kleiner Gefrierbeutel

1. 4 Waffeln als Rechteck auf eine Platte geben. Einen Rahmen aus Alufolie formen und um die Waffeln legen. Gelatine in kaltem Wasser einweichen. 150 g Heideleeren mit Zitronensaft und Puderzucker in einem hohen Becher pürieren. Joghurt unter das Heidelbeerpüree rühren.

2. Gelatine ausdrücken, bei schwacher Hitze auflösen und mit 2–3 Esslöffel Heidelbeer-Joghurt verrühren. Dann die Gelatine unter den restlichen Joghurt rühren. Ca. 5 Minuten kalt stellen, bis die Creme zu gelieren beginnt. Sahne steif schlagen und unter die Creme heben.

3. Hälfte der Creme auf den Waffelboden verstreichen. 150 g Heidelbeeren darauf verteilen und mit 4 weiteren Waffeln belegen. Restliche Creme daraufstreichen und mindestens 4 Stunden kalt stellen.

4. Alurahmen entfernen und die Torte in Stücke schneiden. Kuvertüre grob hacken und auf dem heißen Wasserbad schmelzen lassen. Kuvertüre in einen Gefrierbeutel geben und eine kleine Ecke abschneiden. Tortenstücke mit Heidelbeeren belegen und mit Kuvertürestreifen verzieren.

Arbeitszeit: ca. 50 Minuten
Wartezeit: ca. 4 Stunden
Nährwerte: pro Stück ca. 540 kJ/130 kcal.

Cappuccino-Torte

Zutaten für ca. 16 Stücke:
2 Tafeln Mokka-Sahne-Schokolade (à 100 g)
150 g Amarettini (italienisches Mandelgebäck)
4 Blatt weiße Gelatine
2 TL lösliches Cappuccino-Pulver
500 g Mascarpone (ital. Frischkäse)
125 g Schlagsahne
500 g Magerquark
1 Päckchen Vanillin-Zucker
125 g Zucker
3 EL Zitronensaft
1 TL Kakaopulver
Amarettini und Kapstachelbeeren zum Verzieren
Gefrierbeutel
Backpapier

1. Schokolade grob hacken und auf dem heißen Wasserbad schmelzen. Amarettini in einen Gefrierbeutel füllen, verschließen und mit einer Kuchenrolle fein zermahlen. Boden einer Springform (24 cm ∅) mit Backpapier auslegen. Springformrand darum legen. Amarettini-Brösel mit der Schokolade mischen und als Boden auf den Springformboden drücken. Ca. 30 Minuten kalt stellen.

2. Für die Creme Gelatine in kaltem Wasser einweichen. Cappuccino-Pulver mit 1 Esslöffel heißem Wasser verrühren. Mascarpone mit Sahne, Quark, Vanillin-Zucker, Zucker und Zitronensaft glatt verrühren. Gelatine ausdrücken und bei schwacher Hitze auflösen. Gelatine mit 2–3 Esslöffel Creme verrühren, dann die Gelatine in die übrige Mascarponecreme rühren. Creme locker auf dem Schokoladenboden verstreichen und mindestens 4 Stunden kalt stellen.

3. Torte aus der Form lösen und auf einer Platte anrichten. Eventuell vorsichtig je eine Gabel und einem Löffel darauflegen und die Torte mit Kakaopulver bestreuen. Mit Amarettini und Kapstachelbeeren verzieren. Bis zum Servieren kalt stellen.

Arbeitszeit: ca. 30 Minuten
Wartezeit: ca. 4 Stunden
Nährwerte: pro Stück ca. 1340 kJ/ 320 kcal.

Pflaumen-Käsekuchen

Zutaten für ca. 12 Stücke:
- 150 g Butter
- 300 g Vanillekipferln
- 8 Blatt weiße Gelatine
- 500 g Magerquark
- 200 g Doppelrahm-Frischkäse
- 150 g Crème fraîche
- 1 Päckchen Vanillin-Zucker
- 1 EL Zitronensaft
- 125 g Zucker
- 250 g Schlagsahne
- 1 Glas Pflaumen (720 ml)
- 1 Päckchen Puddingpulver „Vanille-Geschmack" (für 500 ml Flüssigkeit; zum Kochen)
- Vanille-Kipferln zum Verzieren
- Gefrierbeutel

1. Butter schmelzen und etwas abkühlen lassen. Vanillekipferln in einen Gefrierbeutel füllen, verschließen und mit einer Kuchenrolle fein zermahlen. Boden einer Springform (26 cm ∅) mit Backpapier auslegen. Butter und Keksbrösel vermischen, in der Form als Boden andrücken. Ca. 30 Minuten kalt stellen.

2. Inzwischen Gelatine in kaltem Wasser einweichen. Quark mit Frischkäse, Crème fraîche, Vanillin-Zucker, Zitronensaft und 100 g Zucker verrühren. Gelatine ausdrücken und bei schwacher Hitze auflösen. Gelatine mit 2–3 Esslöffel Quarkcreme verrühren. Dann die Gelatine unter die restliche Quarkcreme rühren. Ca. 4 Minuten kühl stellen, bis die Masse zu gelieren beginnt.

3. Sahne steif schlagen und unter die Creme heben. Creme auf dem Boden locker verstreichen und mindestens 4 Stunden kalt stellen.

4. Pflaumen abtropfen lassen, Saft dabei auffangen und mit Wasser auf 500 ml auffüllen. 5 Esslöffel Saft mit 25 g Zucker und Puddingpulver glatt verrühren. Restliche Flüssigkeit aufkochen, angerührtes Puddingpulver einrühren und unter Rühren aufkochen. Ca. 1 Minute köcheln lassen. Pflaumen vorsichtig unterheben und etwas abkühlen lassen,

5. Kompott auf der Creme verteilen und dabei einen ca. 1 cm breiten Rand lassen. Torte ca. 30 Minuten kalt stellen und vorsichtig aus der Form lösen. Mit Vanillekipferln verziert auf einer Tortenplatte servieren.

Arbeitszeit: ca. 40 Minuten
Wartezeit: ca. 4 Stunden
Nährwerte: pro Stück ca. 2100 kJ/500 kcal.

Mango-Tiramisu-Torte

Zutaten für ca. 15 Stücke:

- 25 Löffelbiskuits
- 4 EL Amaretto (Mandellikör)
- 15 Blatt weiße Gelatine
- 1 Dose Mangos (425 ml)
- 750 g Magerquark
- 150 g stichfeste saure Sahne
- 1 Päckchen Vanillin-Zucker
- 2 EL Zitronensaft
- 100 g Zucker
- Mark von 1 Vanilleschote
- 200 g Schlagsahne
- 25 g Mandelblättchen
- 1–2 TL Puderzucker
- Himbeeren zum Verzieren

1. Einen Backrahmen (18 x 35 cm) auf ein passendes Brett setzen oder aus extrastarker Alufolie einen Rahmen formen. Den Boden mit 15 Löffelbiskuits auslegen und mit Likör beträufeln. Gelatine in kaltem Wasser einweichen. Mangos mit dem Saft in einem hohen Rührbecher pürieren. Quark mit saurer Sahne, Vanillin-Zucker, Zitronensaft, Zucker und Vanillemark verrühren. Mangopüree unterrühren.

2. Gelatine ausdrücken und bei schwacher Hitze auflösen. Gelatine mit 2–3 Esslöffel Mangocreme verrühren. Dann die Gelatine unter die restliche Mangocreme rühren. Ca. 5 Minuten kühl stellen, bis die Masse zu gelieren beginnt.

3. Sahne steif schlagen und unter die Creme heben. Ca. 2/3 der Creme auf den Löffelbiskuits verstreichen. Restliche Löffelbiskuits daraufgeben und die übrige Creme daraufstreichen. Mindestens 4 Stunden kalt stellen.

4. Mandelblättchen in einer Pfanne ohne Fett goldbraun rösten und abkühlen lassen. Backrahmen vorsichtig lösen und das Tiramisu in ca. 15 Stücke schneiden. Mit Mandelblättchen bestreuen und mit Puderzucker bestäuben. Mit Himbeeren verziert servieren.

Arbeitszeit: ca. 25 Minuten
Wartezeit: ca. 4 Stunden
Nährwerte: pro Stück ca. 920 kJ/220 kcal.

Kalter Hund

Zutaten für ca. 24 Stücke:
- 75 g gehackte Haselnüsse
- 600 g Halbbitter-Kuvertüre
- 150 g weißes Pflanzenfett (z. B. Palmin)
- 250 g Schlagsahne
- 3 EL lösliches Kaffeepulver
- 50 g Zucker
- 3 EL Rum
- 1 Packung Butterkekse (200 g; 40 Stück)
- 50 g weiße Kuvertüre
- Pergamentpapier
- 1 kleiner Gefrierbeutel

1. Haselnüsse in einer Pfanne ohne Fett goldgelb rösten, herausnehmen und abkühlen lassen. Halbbitter-Kuvertüre grob hacken. Fett in Stücke brechen. Sahne erwärmen (nicht kochen lassen!) und das Kaffeepulver darin auflösen. Kuvertüre und Fett zugeben und schmelzen lassen. Zucker und Rum unterrühren. Die Masse ca. 45 Minuten kalt stellen.

2. Eine Kastenform (ca. 25 cm lang; 1 1/2 Liter Inhalt) fetten und mit Pergamentpapier auslegen. Kuvertüre-Fett-Masse nochmals durchrühren und ca. 2 cm hoch auf dem Boden der Form verstreichen. Ca. 1 Esslöffel Haselnüsse darüberstreuen. Eine Schicht Butterkekse darauflegen. Wie beschrieben 3 weitere Keks-, Kuvertüren- und Nussschichten daraufgeben. Über Nacht kalt stellen.

3. Kuchen vorsichtig stürzen. Pergamentpapier abziehen. Weiße Kuvertüre hacken und auf dem heißen Wasserbad schmelzen. Etwas abkühlen lassen, in einen Gefrierbeutel geben und eine kleine Ecke abschneiden. Den Kuchen mit Kuvertürenstreifen verzieren und trocknen lassen.

Arbeitszeit: ca. 45 Minuten
Wartezeit: ca. 12 Stunden
Nährwerte: pro Stück ca. 1300 kJ/310 kcal.

TIPP! *Sie können die weiße Kuvertüre grob gehackt auch in den Gefrierbeutel geben und im heißen Wasserbad schmelzen lassen. Den Beutel danach gut abtrocknen und eine kleine Spitze abschneiden.*

Malakoff-Torte

Zutaten für ca. 16 Stücke:

- 1 Päckchen Puddingpulver „Vanille-Geschmack" (für 1/2 l Milch; zum Kochen)
- 1/2 l Milch
- 50 g Mandelblättchen
- 300 g Löffelbiskuits
- 9–10 EL Rum
- 250 g weiche Butter
- 100 g Puderzucker
- 30 g gemahlene Mandeln
- 100 g Schlagsahne
- 16 Schoko-Dekorblätter zum Verzieren
- Frischhaltefolie

1. Puddingpulver mit 4 Esslöffel Milch glatt verrühren. Restliche Milch aufkochen, Puddingpulver unter Rühren darin aufkochen und ca. 1 Minute köcheln lassen. Pudding in eine Schüssel geben und abgedeckt auskühlen lassen. Mandelblättchen in einer Pfanne ohne Fett goldbraun rösten und abkühlen lassen. Springformrand (24 cm ∅) auf eine Tortenplatte setzen. Eine Schicht Löffelbiskuits auf den Boden legen und mit 3–4 Esslöffel Rum beträufeln.

2. Pudding kräftig durchrühren. Butter mit Puderzucker cremig-weiß verrühren. Pudding esslöffelweise unterrühren. Zum Schluss gemahlene Mandeln unterrühren. Eine dünne Schicht Buttercreme auf die getränkten Löffelbiskuits streichen. Eine weitere Lage Löffelbiskuits darauflegen, wieder mit Rum beträufeln und dünn mit Buttercreme bestreichen. Diesen Vorgang nochmals wiederholen. Ca. 1 Stunde kalt stellen.

3. Rest Buttercreme bei Zimmertemperatur stehen lassen. Torte mit einem spitzen Messer vom Rand lösen. Rundherum mit der Creme bestreichen und mit Mandelblättchen bestreuen. Sahne steif schlagen und in einen Spritzbeutel mit großer Sterntülle füllen. 16 kleine Tuffs auf die Torte spritzen. Mit Schoko-Dekorblättern verzieren. Bis zum Servieren kühl stellen.

Arbeitszeit: ca. 1 Stunde
Wartezeit: ca. 1 1/2 Stunden
Nährwerte: pro Stück ca. 1210 kJ/290 kcal.

Ruck, zuck gemacht

Schnelle Bech

Saftiger Eierlikör-Kuchen

Zutaten für ca. 16 Stücke:

- 1 Becher Mehl (150 g)
- 3/4 Becher Speisestärke (100 g)
- 1 Päckchen Backpulver
- 2 Becher Puderzucker (250 g)
- 2 Päckchen Vanillin-Zucker
- 5 Eier (Größe M)
- 1 Becher Keimöl (250 ml)
- 1 Becher Eierlikör (250 ml)
- Puderzucker zum Bestäuben
- Fett und Paniermehl für die Form

1. Mehl mit Speisestärke, Backpulver, Puderzucker und Vanillin-Zucker mischen. Eier nacheinander einrühren. Öl und Eierlikör zufügen und alles zu einem glatten Teig verrühren.

2. Gugelhupfform (21 cm ∅; 2,0 Liter Inhalt) fetten und mit Paniermehl ausstreuen. Teig einfüllen und glatt streichen. Im vorgeheizten Backofen bei 175 °C (Umluft: 150 °C) ungefähr 1 Stunde backen. Kuchen ca. 10 Minuten in der Form ruhen lassen und auf ein Kuchengitter stürzen. Vollständig auskühlen lassen. Vor dem Servieren mit Puderzucker bestäuben.

Arbeitszeit: ca. 20 Minuten
Backzeit: ca. 1 Stunde
Wartezeit: ca. 45 Minuten
Nährwerte: pro Stück ca. 1420 kJ/340 kcal.

TIPP! *Bei einem Becherkuchen braucht man keine Waage und alle Zutaten sind ganz schnell verrührt. Zum Abwiegen können Sie zum Beispiel einen Sahne- oder Messbecher verwenden; er sollte 250 ml Fassungsvermögen haben. Lockerer wird der Teig, wenn Sie die Eier trennen und das Eiweiß steif geschlagen ganz zum Schluss mit dem Schneebesen unterheben.*
Übrigens: Der Kuchen hält sich mindestens eine Woche frisch, wenn man ihn gut ausgekühlt in Alufolie verpackt.

Stachelbeer-Marzipan-Kuchen

Zutaten für ca. 24 Stücke:
- 500 g grüne Stachelbeeren
- 300 g rote Johannisbeeren
- 2 Becher Schlagsahne (à 200 g)
- 1 Becher Zucker (200 g)
- 1 Päckchen Vanillin-Zucker
- 1 Prise Salz
- 5 Eier (Größe M)
- 3 Becher Mehl (375 g)
- 1 Päckchen Backpulver
- 200 g Marzipan-Rohmasse
- 1/2 Becher Hagelzucker (100 g)
- Fett und Mehl für das Backblech

1. Stachelbeeren waschen und putzen. Johannisbeeren waschen und von den Rispen streifen. Sahne in eine Rührschüssel gießen. 1 Becher auswaschen, abtrocknen und zum Abmessen der anderen Zutaten verwenden. Zucker, Vanillin-Zucker und Salz zur Sahne geben und halb steif schlagen. Die Eier einzeln unterrühren. Mehl mit Backpulver mischen, auf die Sahne-Eiermasse sieben und unterrühren.

2. Teig auf ein gefettetes, mit Mehl ausgestreutes Backblech (ca. 32 x 38 cm) streichen. Marzipan würfeln und darauf verteilen. Im vorgeheizten Backofen bei 175 °C (Umluft: 150 °C) ca 10 Minuten vorbacken.

3. Anschließend Stachelbeeren und Johannisbeeren auf den Kuchen verteilen. Mit Hagelzucker bestreuen. Bei gleicher Temperatur ca weitere 30 Minuten backen. Kuchen aus dem Ofen nehmen, auf ein Kuchengitter stellen und auskühlen lassen.

Arbeitszeit: ca. 40 Minuten
Backzeit: ca. 40 Minuten
Nährwerte: pro Stück ca. 920 kJ/220 kcal.

Pfirsich-Sahne-Torte

Zutaten für ca. 12 Stücke:
- 1 Becher Crème fraîche (150 g)
- 1/2 Becher Zucker (75 g)
- 2 Päckchen Vanillin-Zucker
- 50 ml Sonnenblumenöl
- 2 Eier (Größe M)
- 1 1/2 Becher Mehl (ca. 150 g)
- 1/2 Päckchen Backpulver
- abgeriebene Schale von 1/2 unbehandelten Zitrone
- 1/2 Päckchen Schoko Dessert-Röllchen (Vollmilch; 50 g)
- 3 Dosen Pfirsiche (à 425 ml)
- 3 EL Himbeer-Gelee (75 g)
- 1 Päckchen klarer gezuckerter Tortenguss
- 250 g Schlagsahne
- Pistazien und Schoko-Röllchen zum Verzieren
- Fett und Paniermehl für die Form

1. Crème fraîche in eine Rührschüssel geben. Becher auswaschen, abtrocknen und zum Abmessen der anderen Zutaten verwenden. Zucker, 1 Päckchen Vanillin-Zucker und Öl zur Crème fraîche geben und alles glatt verrühren. Eier einzeln unterrühren. Mehl mit Backpulver mischen, unter die Eiermasse rühren. Zitronenschale und Schokoröllchen unterheben.

2. Eine Springform (26 cm ∅) fetten und mit Paniermehl ausstreuen. Teig in die Form geben und glatt streichen. Im vorgeheizten Backofen bei 200 °C (Umluft: 175 °C) ca. 25 Minuten backen. Kuchen etwas abkühlen lassen, aus der Form stürzen und auf einem Kuchengitter auskühlen lassen.

3. In der Zwischenzeit die Pfirsiche abtropfen lassen, den Saft dabei auffangen und 250 ml abmessen. Pfirsiche in dickere Spalten schneiden. Den Tortenboden gleichmäßig mit Himbeer-Gelee bestreichen und mit den Pfirsichspalten belegen. Pfirsichsaft mit Tortengusspulver verrühren und unter Rühren aufkochen lassen. Guss etwas abkühlen lassen, über die Pfirsiche verteilen und fest werden lassen.

4. Sahne steif schlagen, 1 Päckchen Vanillin-Zucker dabei einrieseln lassen. Sahne auf der Tortenmitte verteilen. Mit Schokoröllchen und Pistazien bestreut servieren.

Arbeitszeit: ca. 40 Minuten
Backzeit: ca. 25 Minuten
Wartezeit: ca. 1 1/2 Stunden
Nährwerte: pro Stück ca. 1340 kJ/320 kcal.

Bunter Beeren-Kuchen

Zutaten für ca. 12 Stücke:
- 2 Becher Schlagsahne (à 200 g)
- 1 Becher Zucker (200 g)
- 2 Päckchen Vanillin-Zucker
- 1 Prise Salz
- 4 Eier (Größe M)
- 3 Becher Mehl (375 g) + 2 EL
- 1 Päckchen Backpulver
- 300 g gemischte Beeren (z. B. Erd-, Heidel- und Johannisbeeren, ersatzweise tiefgefrorener bunter Beeren-Teller)
- frische Beeren, Zitronenmelisse, Hagelzucker und Puderzucker zum Verzieren, Fett für die Form

1. Sahne in eine Rührschüssel gießen. Einen Becher abwaschen, abtrocknen und zum Abmessen der anderen Zutaten verwenden. Zucker, Vanillin-Zucker und Salz zur Sahne geben und halb steif schlagen. Mehl mit Backpulver mischen, auf die Sahnemischung sieben und unterrühren.

2. Teig in eine gefettete Springform (26 cm ∅) streichen. Frische Beeren verlesen, evtl. waschen. Tiefgefrorene Früchte auftauen. Beeren in 2 Esslöffel Mehl wenden und auf dem Teig verteilen. Im vorgeheizten Backofen bei 175 °C (Umluft: 150 °C) ca. 1 1/4 Stunden backen. 10 Minuten im ausgeschalteten Ofen ruhen lassen.

3. Kuchen vom Formrand lösen und auf einem Kuchengitter auskühlen lassen. Aus der Form lösen und auf eine Tortenplatte legen. Vor dem Servieren mit frischen Beeren und Zitronenmelisse belegen, mit Hagelzucker bestreuen und mit Puderzucker bestäuben.

Arbeitszeit: ca. 20 Minuten
Backzeit: ca. 1 1/4 Stunden
Wartezeit: ca. 3 Stunden
Nährwerte: pro Stück ca. 1 000 kJ/240 kcal.

Kirschkuchen mit Mandelhaube

Zutaten für ca. 12 Stücke:
1 Glas Kirschen (720 ml)
2 Becher Crème fraîche (à 150 g)
1 Becher Zucker (150 g)
1 Päckchen Vanillin-Zucker
$^1/_2$ Becher Sonnenblumenöl (75 ml)
1 $^1/_2$ Becher Mehl (150 g)
$^1/_2$ Päckchen Backpulver
abgeriebene Schale von $^1/_2$ unbehandelten Zitrone
2 Eier (Größe M)
1 Päckchen Mandelblättchen (100 g)
Crème fraîche und Zitronenschalestreifen zum Verzieren
12 frische Kirschen zum Verzieren
Fett und Mehl für Form

1. Kirschen auf einem Sieb abtropfen lassen. Für den Belag 1 Becher Crème fraîche in einen Topf geben. Den Becher auswaschen, abtrocknen und zum Abmessen der anderen Zutaten verwenden. $^1/_2$ Becher Zucker, Vanillin-Zucker und Öl in den Topf zur Crème fraîche geben und glatt verrühren. Bei schwacher Hitze unter Rühren erwärmen. Topf von der Herdplatte nehmen.

2. Teig in eine gefettete, mit Mehl ausgestreute Springform (26 cm ∅) streichen. Kirschen darauf verteilen. Im vorgeheizten Backofen bei 200 °C (Umluft: 175 °C) zunächst 12 Minuten backen.

3. Mehl mit Backpulver, $^1/_2$ Becher Zucker und Zitronenschale mischen. Eier und 1 Becher Crème fraîche unterrühren. Kuchen aus dem Ofen nehmen, Crème fraîche-Mischung darauf verteilen und mit Mandelblättchen bestreuen. Bei gleicher Temperatur weitere ca. 20 Minuten backen.

4. Kuchen vom Springformrand lösen und auf einem Kuchengitter auskühlen lassen. Aus der Form lösen und in Stücke schneiden. Stücke mit einem Klecks Crème fraîche, Zitronenschale und Kirschen verziert servieren.

Arbeitszeit: ca. 40 Minuten
Backzeit: ca. 30 Minuten
Nährwerte: pro Stück ca. 1 210 kJ/290 kcal.

Zitronenmuffins

Zutaten für ca. 12 Stück:
(1 Tasse = 150 ml)
- 1 1/2 Tassen Keimöl (225 ml)
- 1 Tasse (150 g) + 1 EL Zucker
- 1 Päckchen Vanillin-Zucker
- 1 Prise Salz
- 4 Eier (Größe M)
- 2 unbehandelte Zitronen
- 3 Tassen Mehl (330 g)
- 1 Päckchen Backpulver
- 5 EL Milch
- 6 EL Puderzucker
- 12 Papier-Muffinförmchen

1. Öl mit 1 Tasse Zucker, Vanillin-Zucker und Salz cremig rühren. Eier einzeln unterrühren. 1 Zitrone waschen, trockentupfen und die Schale fein abreiben. Zitronensaft auspressen. Zitronenschale und Hälfte Saft in die Fett-Eimasse rühren. Mehl mit Backpulver mischen. Abwechselnd mit der Milch unter die Eimasse rühren.

2. Ein Muffinblech (12 Mulden) mit Papierförmchen auslegen. Jede Mulde zu ca. 3/4 mit dem Teig füllen. Im vorgeheizten Backofen bei 175 °C (Umluft: 150 °C) 25–30 Minuten backen. Auf einem Kuchengitter abkühlen lassen.

3. Inzwischen 1 Zitrone waschen, trockenreiben, in unterschiedliche Spalten schneiden und in 1 Esslöffel Zucker wälzen. Puderzucker mit restlichem Zitronensaft zu einem glatten Guss verrühren und die Muffins damit überziehen. Mit Zitronenspalten verzieren. Trocknen lassen.

Arbeitszeit: ca. 30 Minuten
Backzeit: ca. 30 Minuten
Wartezeit: ca. 1 Stunde
Nährwerte: pro Stück ca. 1340 kJ/320 kcal.

Ananas-Himbeerkuchen

Zutaten für ca. 20 Stücke:
2 Becher Schlagsahne (à 250 g)
1 Becher Zucker (250 g)
1 Päckchen Vanillin-Zucker
4 Eier (Größe M)
1 Päckchen geriebene Zitronenschale (9 g)
2 Becher Mehl (300 g)
2 TL Backpulver
1 Tafel Zartbitter-Schokolade (100 g)
150 g Puderzucker
3 EL Zitronensaft
$^{1}/_{2}$ frische Ananas (ca. 500 g) oder
1 Dose Ananas (425 ml)
200 g frische oder tiefgefrorene Himbeeren
Minzeblättchen zum Verzieren
Fett für das Blech

1. 1 Becher Sahne in eine Rührschüssel gießen. Becher abwaschen, abtrocknen und zum Abmessen der anderen Zutaten verwenden. Zucker, Vanillin-Zucker, Eier und Zitronenschale zur Sahne geben und alles glatt verrühren. Mehl mit Backpulver mischen und unter die Sahnemasse rühren. Schokolade grob hacken, unterrühren.

2. Fettpfanne des Backofens (ca. 32 x 38 cm) fetten und den Teig daraufstreichen. Im vorgeheizten Backofen bei 200 °C (Umluft: 175 °C) ca. 20 Minuten backen. Puderzucker mit Zitronensaft zu einem glatten Guss verrühren, den warmen Kuchen damit bestreichen. Trocknen und auskühlen lassen.

3. Frische Ananas in Scheiben schneiden, schälen und den harten Strunk herausschneiden. Ananas in Stücke schneiden. Früchte aus der Dose abtropfen lassen. Frische Himbeeren verlesen, tiefgefrorene Früchte auftauen lassen.

4. 1 Becher Sahne steif schlagen und in einen Spritzbeutel mit Lochtülle füllen. Kuchen in Rauten schneiden und jeweils einen Sahnetuff daraufspritzen. Mit Ananas und Himbeeren belegen und mit Minzblättchen verzieren.

Arbeitszeit: ca. 30 Minuten
Backzeit: ca. 20 Minuten
Wartezeit: ca. 40 Minuten
Nährwerte: pro Stück ca. 1090 kJ/ 260 kcal.

Schneller Apfelkuchen

Zutaten für ca. 24 Stücke:
(1 Tasse = 100 ml)
1,5 kg Äpfel (ca. 8 Stück)
3 EL Zitronensaft
1 1/2 Tassen Sonnenblumenöl (150 ml)
2 Tassen Zucker (à 150 g)
1 Prise Salz
4 Eier (Größe M)
4 Tassen Mehl (à 100 g)
3 gestrichene TL Backpulver
1/2 Tasse Milch (50 ml)
1 Tasse gehackte Mandeln (50 g)
3 EL Hagelzucker
Fett und Mehl für die Form

1. Äpfel schälen, halbieren und entkernen. Runde Seite der Äpfel mehrmals ca. 1 cm tief einschneiden. Äpfel mit Zitronensaft beträufeln.

2. Öl mit Zucker und Salz verrühren. Eier nacheinander unterrühren. Mehl mit Backpulver mischen, im Wechsel mit der Milch unter die Eimasse rühren. Fettpfanne fetten und mit Mehl ausstäuben. Teig darin glatt streichen. Äpfel trockentupfen und auf dem Teig verteilen.

3. Im vorgeheizten Backofen bei 175 °C (Umluft: 150 °C) ca. 35 Minuten backen. Kuchen auf einem Kuchengitter auskühlen lassen. In Stücke schneiden und mit Hagelzucker bestreuen.

Arbeitszeit: ca. 30 Minuten
Backzeit: ca. 35 Minuten
Nährwerte: pro Stück ca. 840 kJ/200 kcal.

Mandel-Orangen-Kuchen

Zutaten für ca. 12 Stücke:
- 1 Becher Schlagsahne (250 g)
- 3/4 Becher Zucker (175 g)
- 1 Päckchen Vanillin-Zucker
- 1 Messerspitze gemahlener Zimt
- 1 Päckchen Orangenfrucht
- 4 Eier (Größe M)
- 1 1/2 Becher Mehl (à 250 g)
- 1 TL Backpulver
- 1/4 Becher Grieß (50 g)
- 1 1/2 Becher gemahlene Mandeln ohne Haut (150 g)
- 150 g Orangenmarmelade
- Orangenspalten und -schale zum Verzieren
- Fett für die Form

1. Sahne in eine Rührschüssel gießen. Becher abwaschen, abtrocknen und zum Abmessen der anderen Zutaten verwenden. Zucker, Vanillin-Zucker, Zimt und Orangenfrucht zufügen und alles glatt verrühren. Eier nacheinander unterrühren. Mehl mit Backpulver, Grieß und Mandeln mischen und unter die Eimasse rühren. 1/3 des Teiges in einen Spritzbeutel mit Lochtülle geben.

2. Springform (26 cm ∅) fetten. Restlichen Teig darin glatt streichen. Orangen-Marmelade auf den Teig streichen, dabei rundherum einen 1 cm breiten Rand frei lassen. Restlichen Teig spiralförmig auf die Marmelade spritzen.

3. Im vorgeheizten Backofen bei 175 °C (Umluft: 150 °C) ca. 40 Minuten backen. In der Form auf einem Kuchengitter auskühlen lassen. Kuchen auf einer Platte anrichten. Mit Orangenspalten und -schale verzieren.

Arbeitszeit: ca. 50 Minuten
Backzeit: ca. 40 Minuten
Nährwerte: pro Stück ca. 1800 kJ/430 kcal.

TIPP! *Die Mehlmischung am besten nach und nach zufügen und zuerst mit der kleinen Stufe des Handrührgerätes unterrühren. Erst wenn das Mehl nicht mehr herausstäubt, die Schaltstufe erhöhen.*

Ganz schön verlockend

Süßes Gebäck mit Schuss

Weinschaum-Biskuittorte

Zutaten für ca. 12 Stücke:
- 7 Eier (Größe M)
- 2 Päckchen Vanillin-Zucker
- 225 g Zucker, 1 Prise Salz
- 50 g Mehl
- 50 g Speisestärke
- 20 g und $^1/_2$ TL Kakaopulver
- 2 gestrichene TL Backpulver
- je 150 g blaue und grüne Weintrauben
- 9 Blatt weiße Gelatine
- 3 EL Zitronensaft
- abgeriebene Schale von 1 unbehandelten Zitrone
- $^1/_4$ l trockener Weißwein
- 400 g Schlagsahne
- gezuckerte Weintrauben und Minze zum Verzieren
- Backpapier

1. 3 Eier trennen. Eiweiß mit 3 Esslöffel Wasser, 1 Päckchen Vanillin-Zucker, 125 g Zucker und Salz steif schlagen. 3 Eigelb unterrühren. Mehl mit Stärke, 20 g Kakao und Backpulver mischen, auf die Eimasse sieben und unterheben.

2. Masse in eine mit Backpapier ausgelegte Springform (26 cm ∅) streichen. Im vorgeheizten Backofen bei 175 °C (Umluft: nicht geeignet) ca. 30 Minuten backen. Boden vom Formrand lösen, etwas abkühlen lassen. Aus der Form nehmen, auskühlen lassen und quer halbieren.

3. Trauben waschen, abtropfen lassen und von den Rispen zupfen. Gelatine in kaltem Wasser einweichen. 4 Eier trennen. Eigelb mit 100 g Zucker und 1 Päckchen Vanillin-Zucker dickcremig aufschlagen. Zitronensaft, Zitronenschale und Wein unterrühren. Gelatine ausdrücken, bei schwacher Hitze auflösen und mit 3 Esslöffel der Weinmasse verrühren. Dann die Gelatine in die restliche Weinmasse rühren. Ca. 5 Minuten kalt stellen, bis die Masse zu gelieren beginnt.

5. 200 g Sahne und Eiweiß getrennt steif schlagen. Unteren Boden auf eine Platte legen, Tortenring darum schließen. Zuerst Sahne, dann Eiweiß unter die Weinmasse heben. Trauben unterheben und auf den Boden streichen, oberen Boden daraufsetzen. Ca. 5 Stunden kalt stellen.

6. Torte vom Tortenring lösen. 200 g Sahne steif schlagen. Tortendeckel locker damit einstreichen. Mit $^1/_2$ Teelöffel Kakao bestäuben. Mit gezuckerten Weintrauben und Minze verzieren.

Arbeitszeit: ca. 1 Stunde
Backzeit: ca. 30 Minuten
Wartezeit: ca. 6 Stunden
Nährwerte: pro Stück ca. 1300 kJ/310 kcal.

Eierlikör-Schlierentorte

Zutaten für ca. 16 Stücke:

- 3 Eier (Größe M)
- 220 g Zucker
- 75 g Mehl, 50 g Speisestärke
- 1 TL Backpulver
- 1 Glas Kirschen (720 ml)
- 1 Päckchen Puddingpulver „Vanille-Geschmack" (zum Kochen; für 500 ml Milch)
- 12 Blatt Gelatine
- 300 ml Eierlikör
- 500 g Schmand oder saure Sahne
- 1 Päckchen Vanillin-Zucker
- 500 g Schlagsahne
- 40 g geriebene Zartbitter-Schokolade
- 2 EL Kakaopulver, Backpapier

1. Eier trennen. Eiweiß mit 3 Esslöffel kaltem Wasser steif schlagen, 100 g Zucker einrieseln lassen. Eigelb nacheinander unterrühren. Mehl mit Stärke und Backpulver mischen, daraufsieben und unterrühren. Boden einer Springform (26 cm ∅) mit Backpapier auslegen. Masse darin verstreichen. Im vorgeheizten Backofen bei 175 °C (Umluft: nicht geeignet) ca. 25 Minuten backen. Auskühlen lassen. Boden quer halbieren. Um unteren Boden einen Tortenring schließen.

2. Kirschen abtropfen, Saft auffangen. Puddingpulver mit 20 g Zucker und 4 Esslöffel Wasser verrühren. Saft aufkochen, Puddingpulver einrühren, kurz aufkochen. Kirschen zugeben, auf den Boden streichen. 30 Minuten kühl stellen.

3. Gelatine in kaltem Wasser einweichen. 4 Blatt Gelatine ausdrücken, bei schwacher Hitze auflösen und mit Eierlikör verrühren. Schmand mit Vanillin-Zucker und 100 g Zucker verrühren. 8 Blatt Gelatine auflösen, mit 2–3 Esslöffel Creme verrühren. Gelatine unter die übrige Creme rühren.

4. 400 g Sahne steif schlagen. Sobald die Creme zu gelieren beginnt, Sahne unterheben. $^2/_3$ der Creme auf die Kirschen streichen, mit $^2/_3$ Eierlikör begießen. Beide Massen durchziehen, glatt streichen. Zweiten Boden darauflegen. Restliche Schmandcreme und Eierlikör daraufstreichen. Mindestens 4 Stunden kalt stellen.

5. Schokolade fein reiben. Torte aus dem Ring lösen. 100 g Sahne steif schlagen, an den Rand streichen. Torte mit Schokoladenherzen verzieren und mit Kakao bestäuben.

Arbeitszeit: ca. 1 Stunde
Backzeit: ca. 25 Minuten
Wartezeit: ca. 5 Stunden
Nährwerte: pro Stück ca. 1630 kJ/390 kcal.

Prosecco-Himbeer-Torte

Zutaten für ca. 12 Stücke:

- 200 g frische oder tiefgefrorene Himbeeren
- 3 Eier (Größe M)
- 1 Prise Salz
- 225 g Zucker
- 75 g Mehl
- 40 g Speisestärke
- 2 gestrichene TL Backpulver
- 3 Blatt weiße Gelatine
- 2 Päckchen Vanillin-Zucker
- 100 ml Prosecco
- je 375 g Magerquark und Mascarpone
- 100 g weiße Kuvertüre
- 200 g Schlagsahne
- Himbeeren und Melisse zum Verzieren
- Backpapier

1. Frische Himbeeren verlesen. Tiefgefrorene Früchte auftauen lassen. Eier trennen. Eiweiß mit Salz und 3 Esslöffel kaltem Wasser steif schlagen, 125 g Zucker dabei einrieseln lassen. Eigelb nacheinander unterrühren. Mehl mit Speisestärke und Backpulver mischen, unterheben.

2. Boden einer Springform (26 cm ∅) mit Backpapier auslegen. Masse darauf glatt streichen. Im vorgeheizten Backofen bei 200 °C (Umluft: nicht geeignet) ca. 20 Minuten backen. Boden auskühlen lassen und aus der Form lösen.

3. Gelatine in kaltem Wasser einweichen. Himbeeren durch ein Sieb streichen, mit 50 g Zucker, 1 Päckchen Vanillin-Zucker und Prosecco verrühren. Gelatine ausdrücken und bei schwacher Hitze auflösen. 3 Esslöffel Himbeermasse einrühren. Dann die Gelatine in die restliche Himbeermasse rühren. Kalt stellen, bis die Masse zu gelieren beginnt.

4. Quark mit Mascarpone, 100 g Zucker und 1 Päckchen Vanillin-Zucker verrühren. Boden quer halbieren, um unteren Boden einen Tortenring legen. Hälfte Mascarpone-Creme auf den Boden streichen. Himbeermasse als Kleckse darauf verteilen. Mit übriger Creme bestreichen. Oberen Boden darauflegen. Ca. 2 Stunden kalt stellen.

5. Kuvertüre auf dem heißen Wasserbad schmelzen und auf ein Brett (Marmor/Porzellan) streichen. Trocknen lassen. Tortenring lösen. Sahne steif schlagen, Torte damit rundherum einstreichen. Mit Hilfe eines Spachtels Schokospäne von der Kuvertüre hobeln, auf der Tortenoberfläche verteilen. Mit Himbeeren und Melisse verzieren.

Arbeitszeit: ca. 1 Stunde
Backzeit: ca. 20 Minuten
Wartezeit: ca. 4 Stunden
Nährwerte: pro Stück ca. 1680 kJ/400 kcal.

Schokoladen-Torte mit Kaffeelikör

Zutaten für ca. 16 Stücke:

- 350 g Zartbitter-Schokolade
- 4 Eier (Größe M)
- 125 g + 3 EL Zucker
- 2 Päckchen Vanillin-Zucker
- 1 Prise Salz
- 100 g Mehl
- 75 g Speisestärke
- 2 gehäufte TL Backpulver
- 9 EL Kaffee-Likör
- 400 g Schlagsahne
- 6 Eigelb (Größe M)
- 3 Eiweiß (Größe M)
- 50 g weiße Kuvertüre
- Backpapier
- 1 kleiner Gefrierbeutel

1. 100 g Schokolade hacken. Eier trennen. Eiweiß mit 4 Esslöffel kaltem Wasser steif schlagen. 125 g Zucker, 1 Päckchen Vanillin-Zucker und Salz dabei einrieseln lassen. Eigelb einzeln unterrühren. Mehl mit Stärke und Backpulver mischen, auf die Eischaummasse sieben und unterziehen. Gehackte Schokolade unterheben.

2. Boden einer Springform (26 cm ∅) mit Backpapier auslegen. Biskuitmasse daraufstreichen. Im vorgeheizten Backofen bei 175 °C (Umluft: nicht geeignet) ca. 30 Minuten backen. Biskuitboden auskühlen lassen, zweimal quer halbieren und die Böden mit Likör beträufeln.

3. 250 g Schokolade grob hacken und auf dem heißen Wasserbad schmelzen. Sahne steif schlagen und kühl stellen. Eigelb mit 2 Esslöffel Zucker und 1 Päckchen Vanillin-Zucker dickcremig aufschlagen. Lauwarme Schokolade unterrühren. Dann die Sahne sofort unterziehen. Eiweiß steif schlagen, 1 Esslöffel Zucker einrieseln lassen und unter die Schokoladenmousse heben.

4. Um unteren Biskuitboden einen Tortenring legen und mit ca. 1/4 der Mousse bestreichen. Mit dem zweiten Boden bedecken, mit 1/4 der Mousse bestreichen und mit dem dritten Boden bedecken. Darauf eine etwas dickere Schicht Mousse wellig verstreichen und die Torte ca. 45 Minuten kalt stellen.

5. Restliche Mousse bei Zimmertemperatur stehen lassen. Kuvertüre auf einem heißen Wasserbad schmelzen. Torte aus dem Tortenring lösen, Rand mit der restlichen Mousse bestreichen. Kuvertüre in einen Gefrierbeutel geben und eine kleine Ecke abschneiden. Torte mit feinen Schokostreifen verzieren und nochmals ca. 2 Stunden kalt stellen.

Arbeitszeit: ca. 1 Stunde
Backzeit: ca. 30 Minuten
Wartezeit: ca. 3 1/2 Stunden
Nährwerte: pro Stück ca. 1510 kJ/360 kcal.

Baileys Napfkuchen

Zutaten für ca. 16 Stücke:

- 250 g Butter/Margarine
- 250 g Puderzucker
- 5 Eier (Größe M)
- 2 Päckchen Vanillin-Zucker
- 200 ml Baileys (Whisky-Likör)
- je 125 g Mehl und Speisestärke
- 1 Päckchen Backpulver
- Puderzucker und Kakaopulver zum Bestäuben
- Fett und Paniermehl für die Form

1. Fett schmelzen und abkühlen lassen. Puderzucker sieben. Eier mit Vanillin-Zucker schaumig rühren. Puderzucker esslöffelweise zufügen und so lange rühren, bis die Masse dickschaumig ist. Geschmolzenes Fett und Likör unter Rühren zugießen. Mehl mit Stärke und Backpulver mischen, auf die Eischaummasse sieben und kurz unterrühren.

2. Eine Napfkuchenform (ca. 2 Liter Inhalt) gut fetten und mit Paniermehl ausstreuen. Teig hineingeben und glatt streichen. Im vorgeheizten Backofen bei 175 °C (Umluft: 150 °C) ungefähr 1 1/4 Stunden backen. Den Kuchen ca. 15 Minuten in der Form ruhen lassen, dann auf ein Kuchengitter stürzen und vollständig auskühlen lassen. Vor dem Servieren mit Puderzucker und Kakao bestäuben.

Arbeitszeit: ca. 20 Minuten
Backzeit: ca. 1 1/4 Stunden
Nährwerte: pro Stück ca. 1 260 kJ/300 kcal.

Pfirsich-Eierlikör-Schnitten

Zutaten für ca. 24 Stücke:
- 250 g Butter/Margarine
- 3 Päckchen Vanillin-Zucker
- 175 g Zucker
- 5 Eier (Größe M)
- 425 g Mehl
- 1/2 Päckchen Backpulver
- 125 ml Milch
- 1,2 kg frische oder 2 Dosen Pfirsiche (à 850 ml)
- 4 Blatt weiße Gelatine
- 4 EL Pfirsich-Konfitüre
- 500 g Schlagsahne
- 200 ml Eierlikör
- 25 g Halbbitter-Kuvertüre
- Fett für das Backblech
- 1 kleiner Gefrierbeutel

1. Fett mit 1 Päckchen Vanillin-Zucker und Zucker cremig schlagen. Eier einzeln unterrühren. Mehl mit Backpulver mischen, im Wechsel mit der Milch nach und nach unter die Fett-Eiermasse rühren. Teig auf ein gefettetes Backblech (ca. 32 x 38 cm) streichen. Im vorgeheizten Backofen bei 175 °C (Umluft: 150 °C) ca. 30 Minuten backen. Backblech auf ein Kuchengitter stellen und auskühlen lassen.

2. Inzwischen frische Pfirsiche mit kochendem Wasser überbrühen, häuten, halbieren und den Stein entfernen. Früchte aus der Dose abtropfen lassen. Pfirsiche in Spalten schneiden. Gelatine in kaltem Wasser einweichen. Konfitüre erwärmen und den Boden damit bestreichen. Pfirsichspalten darauf verteilen. Sahne steif schlagen, 2 Päckchen Vanillin-Zucker dabei einrieseln lassen.

3. Gelatine ausdrücken, bei schwacher Hitze auflösen und mit 2 Esslöffel Eierlikör verrühren. Dann die Gelatine mit dem restlichen Eierlikör verrühren. Sahne unterheben. Eierlikör-Sahne auf den Pfirsichen verteilen und ca. 2 1/2 Stunden kühl stellen.

4. Kuchen in Stücke schneiden. Kuvertüre grob hacken und auf dem heißen Wasserbad schmelzen. Kuvertüre in einen Gefrierbeutel füllen und eine kleine Ecke abschneiden. Jedes Stück mit Kuvertüreherzen verzieren.

Arbeitszeit: ca. 45 Minuten
Backzeit: ca. 30 Minuten
Wartezeit: ca. 3 Stunden
Nährwerte: pro Stück ca. 1380 kJ/330 kcal.

Jaffa-Cointreau-Torte

Zutaten für ca. 12 Stücke:
3 Eier (Größe M)
3 Päckchen Vanillin-Zucker
150 g Zucker
50 g Mehl
25 g Speisestärke
1 TL Backpulver
3 Orangen (à 150 g)
250 g Magerquark
1 EL Orangensaft
250 g Mascarpone (ital. Frischkäse)
Mark von 1 Vanilleschote
3 EL Cointreau (Orangen-Likör)
150 g Orangen-Marmelade
300 g Schlagsahne
1 1/2 Packungen Gebäck mit Orangenfruchtfüllung (à 150 g; z. B. Jaffa)
kandierte Mandarinen und Minze zum Verzieren
Backpapier

1. Eier trennen. Eiweiß steif schlagen, dabei 1 Päckchen Vanillin-Zucker und 75 g Zucker einrieseln lassen. Eigelb einzeln unterrühren. Mehl mit Stärke und Backpulver mischen, auf die Eiermasse sieben und unterheben. Teig in eine mit Backpapier ausgelegte Springform streichen und im vorgeheizten Backofen bei 175 °C (Umluft: nicht geeignet) ca. 25 Minuten backen.

2. Inzwischen Orangen schälen, so dass die weiße Haut vollständig entfernt wird. Orangen in Scheiben schneiden und auf Küchenpapier abtropfen lassen. Quark mit Orangensaft, Mascarpone, Vanillemark und 75 g Zucker verrühren.

3. Boden auf ein Kuchengitter setzen, vom Formrand lösen und in der Form auskühlen lassen. Anschließend den Boden aus der Form lösen und quer halbieren. Unteren Boden auf eine Tortenplatte setzen. Mit Orangenlikör beträufeln, mit Marmelade bestreichen und mit den Orangenscheiben belegen. Mascarponecreme darauf streichen. Oberen Boden darauflegen und ca. 45 Minuten kalt stellen.

4. Sahne steif schlagen, 2 Päckchen Vanillin-Zucker dabei einrieseln lassen. Torte rundherum mit Sahne einstreichen. Tortenrand dicht an dicht mit Gebäck belegen. Übriges Gebäck halbieren und auf die Tortenoberfläche legen. Mit kandierten Mandarinen und Minze verzieren.

Arbeitszeit: ca. 40 Minuten
Backzeit: ca. 25 Minuten
Wartezeit: ca. 1 1/2 Stunden
Nährwerte: pro Stück ca. 1800 kJ/430 kcal.

Whisky-Trüffel-Torte

Zutaten für ca. 16 Stücke:

- 500 g Zartbitter-Schokolade
- 125 ml Milch
- 250 g Butter/Margarine
- 250 g Zucker
- 1 Päckchen Vanillin-Zucker
- 1 Prise Salz
- 4 Eier (Größe M)
- 100 g Speisestärke
- 250 g Mehl
- 50 g Kakaopulver
- 1 Päckchen Backpulver
- 500 g Schlagsahne
- 150 ml Whisky
- 2 EL Kakaopulver
- Fett für die Form

1. 100 g Schokolade grob hacken. Milch erwärmen. Schokolade darin schmelzen und abkühlen lassen. Fett mit Zucker, Vanillin-Zucker und Salz cremig rühren. Eier einzeln, im Wechsel mit 50 g Stärke, unterrühren. 50 g Stärke mit Mehl, Kakao und Backpulver mischen, mit der Schokomilch unter die Eimasse rühren.

2. Teig in eine gefettete Springform (26 cm ∅) streichen. Im vorgeheizten Backofen bei 175 °C (Umluft: 150 °C) ca. 1 Stunde backen. Eventuell den Boden die letzten 10 Minuten abdecken. Boden vom Formrand lösen und auf einem Kuchengitter auskühlen lassen.

3. Für die Trüffelcreme Sahne erhitzen, 400 g Schokolade grob hacken und unter Rühren in der Sahne schmelzen. In eine Rührschüssel geben und mindestens 4 Stunden kalt stellen. Boden quer halbieren und mit Whisky beträufeln. Um unteren Boden einen Tortenring schließen.

4. Schokosahne steif schlagen, ca. 1/3 davon auf den unteren Boden streichen und mit dem oberen Boden bedecken. Tortenring entfernen und die Torte mit 1/3 der Creme einstreichen. Restliche Creme in einen Spritzbeutel mit Sterntülle geben und die Torte mit 12 großen Tuffs verzieren. Torte mindestens 1 Stunde kalt stellen. Zum Servieren mit Kakao bestäuben.

Arbeitszeit: ca. 45 Minuten
Backzeit: ca. 1 Stunde
Wartezeit: ca. 5 1/2 Stunden
Nährwerte: pro Stück ca. 2520 kJ/600 kcal.

Pflaumen-Slibowitz-Torte

Zutaten für ca. 12 Stücke:
- 3 Eier (Größe M)
- 100 g + 4 EL Zucker
- 2 Päckchen Vanillin-Zucker
- 1 Prise Salz
- 75 g Mehl
- 45 g Speisestärke
- 1 TL Backpulver
- 100 g Löffelbiskuits
- 3 EL Slibowitz (Zwetschgenwasser)
- 600 g frische oder 1 Glas Pflaumen (720 ml)
- 1 Packung Rote-Grütze-Pulver „Himbeer-Geschmack" (für 1/2 l Flüssigkeit; zum Kochen)
- evtl. 250 ml Pflaumen- oder Kirschsaft
- 250 g Schlagsahne
- 1 Päckchen Sahnefestiger
- Puderzucker und Kakaopulver zum Bestäuben
- Backpapier

1. Eier trennen. Eiweiß mit 3 Esslöffel Wasser steif schlagen, 100 g Zucker, 1 Päckchen Vanillin-Zucker und Salz einrieseln lassen. Eigelb einzeln unterrühren. Mehl mit 25 g Stärke und Backpulver mischen, darübersieben und unterheben.

2. Boden einer Springform (26 cm ∅) mit Backpapier auslegen, Masse darin glatt streichen. Im vorgeheizten Backofen bei 175 °C (Umluft: nicht geeignet) ca. 25 Minuten backen. Boden in der Form abkühlen lassen, aus der Form lösen und auskühlen lassen. Anschließend quer halbieren.

3. Unteren Boden mit einem Tortenring umschließen und mit Zwetschgenwasser beträufeln. Frische Pflaumen waschen, halbieren, entsteinen. Früchte aus dem Glas abtropfen lassen, Saft dabei auffangen. Rote-Grütze-Pulver mit 20 g Stärke, 4 Esslöffel Zucker und 6 Esslöffel Pflaumen- oder Kirschsaft verrühren. Übrigen Saft aufkochen, Pulver einrühren. Pflaumen zufügen und 1 Minute köcheln. 2/3 des Kompotts auf dem Boden verteilen und ca. 45 Minuten kalt stellen.

4. Löffelbiskuits in Stücke brechen und auf dem Kompott verteilen. Restliches Kompott darauf streichen. Sahne steif schlagen, 1 Päckchen Vanillin-Zucker und Sahnefestiger dabei einrieseln lassen. Auf das Kompott streichen und mit oberem Boden bedecken. Ca. 1 Stunde kühl stellen. Torte mit Puderzucker und Kakao bestäuben.

Arbeitszeit: ca. 50 Minuten
Backzeit: ca. 25 Minuten
Wartezeit: ca. 1 1/2 Stunden
Nährwerte: pro Stück ca. 1090 kJ/260 kcal.

Apfel-Calvados-Schichttorte

Zutaten für ca. 16 Stücke:
- 4 Eier (Größe M)
- 400 g Zucker
- 1 Päckchen Vanillin-Zucker
- 1 Prise Salz
- 60 g Mehl
- 60 g Speisestärke
- 1 TL Backpulver
- abgeriebene Schale von 1/2 unbehandelten Zitrone
- 750 g frische oder 2 Gläser Pflaumen (à 370 ml)
- 10 Blatt weiße Gelatine
- 200 ml trockener Weißwein
- 1 Päckchen Puddingpulver „Vanille-Geschmack" (für 500 ml Milch; zum Kochen)
- 5 Äpfel (z. B. Boskop; à ca. 175 g)
- Saft von 1 Zitrone
- 3 EL Calvados (französischer Apfelbrand)
- 250 g Mascarpone (ital. Frischkäse)
- 250 g Magerquark
- 100 g Schlagsahne
- gemahlene Pistazien zum Verzieren
- Backpapier

1. Eier trennen. Eiweiß steif schlagen, 125 g Zucker, Vanillin-Zucker und Salz dabei einrieseln lassen. Eigelb einzeln unterrühren. Mehl mit Stärke, Backpulver und Zitronenschale mischen, unter die Eimasse heben. Boden einer Springform (26 cm ∅) mit Backpapier auslegen. Masse darin glatt streichen. Im vorgeheizten Backofen bei 175 °C (Umluft: nicht geeignet) ca. 40 Minuten backen. Boden abkühlen lassen, aus der Form nehmen und auskühlen.

2. Frische Pflaumen waschen, abtropfen lassen, halbieren und entsteinen. Früchte aus dem Glas abtropfen lassen. Hälften der Pflaumen in Spalten schneiden. Gelatine in kaltem Wasser einweichen. 100 g Zucker erhitzen und karamellisieren. Mit 100 ml Wein ablöschen und aufkochen. Pflaumen, bis auf ca. 4 Stück zum Verzieren, darin ca. 3 Minuten dünsten. 1/2 Packung Puddingpulver mit 2 Esslöffel Wasser verrühren, Sud damit binden. 2 Blatt Gelatine ausdrücken und in dem Sud auflösen. Pflaumen unterheben.

3. Biskuit zweimal quer halbieren. Um unteren Boden einen Tortenring schließen. Kompott darauf verteilen. Zweiten Boden darauflegen. Äpfel, bis auf einen zum Verzieren, schälen, vierteln, entkernen und würfeln. 100 g Zucker erhitzen und karamellisieren. Mit 100 ml Wein ablöschen und aufkochen. Äpfel darin ca. 3 Minuten dünsten. 1/2 Päckchen Puddingpulver und . Esslöffel Wasser glatt rühren, Sud damit binden. 2 Blatt Gelatine ausdrücken und im Sud auflösen. Etwas abkühlen lassen und auf dem zweiten Boden verteilen, mit drittem Boden bedecken. 30 Minuten kalt stellen.

4. Zitronensaft mit Calvados und 75 g Zucker aufkochen. 6 Blatt Gelatine ausdrücken und darin auflösen. Mascarpone mit Quark verrühren. 2–3 Esslöffel davon mit der Gelatine-Mischung verrühren. Dann unter die übrige Mascarponemischung rühren. Ca. 30 Minuten kühl stellen.

5. Sahne steif schlagen. Sobald die Mascarponecreme zu gelieren beginnt, Sahne unterheben. Tortenring entfernen, Torte mit der Creme einstreichen. Ca. 3 Stunden kühl stellen. Restlichen Apfel waschen, vierteln, entkernen und in Spalten schneiden. Torte mit Pistazien, Apfel- und Pflaumenvierteln verzieren.

Arbeitszeit ca. 1 1/4 Stunden
Backzeit: ca. 40 Minuten
Wartezeit: ca. 3 1/2 Stunden
Nährwerte: pro Stück ca. 1380 kJ/330 kcal.

Schwarzwälder Kirschtorte

Zutaten für ca. 12 Stücke:
4 Eier (Größe M)
125 g Zucker
1 Prise Salz
75 g Mehl
50 g Speisestärke
1 TL Backpulver
15 g Kakaopulver
500 g frische oder 1 Glas Kirschen (720 ml)
evtl. 250 ml Kirschsaft
100 g Halbbitter-Kuvertüre
3 EL Kirschwasser
1 Päckchen Puddingpulver „Vanille-Geschmack" (für 500 ml Flüssigkeit; zum Kochen)
900 g Schlagsahne
4 Päckchen Vanillin-Zucker
Kirschen zum Verzieren
Backpapier

1. Eier trennen, Eiweiß mit 3 Esslöffel kaltem Wasser steif schlagen, 100 g Zucker und Salz dabei einrieseln lassen. Eigelb einzeln unterrühren. Mehl mit Stärke, Backpulver und Kakao mischen, auf die Eimasse sieben und unterheben.

2. Boden einer Springform (26 cm ∅) mit Backpapier auslegen, Biskuitmasse darin glatt streichen. Im vorgeheizten Backofen bei 175 °C (Umluft: nicht geeignet) ca. 30 Minuten backen.

3. Frische Kirschen waschen, putzen und entsteinen. Früchte aus dem Glas abtropfen lassen, Saft dabei auffangen. Kuvertüre grob hacken und auf dem heißen Wasserbad schmelzen. Kuvertüre dünn auf ein Brett (Marmor/Porzellan) streichen und trocknen lassen. Boden vom Formrand lösen und auskühlen lassen. Aus der Form lösen und zweimal quer halbieren.

4. Böden mit je einem Esslöffel Kirschwasser beträufeln. Kirschsaft mit 100 ml Wasser verrühren. 4 Esslöffel davon mit 25 g Zucker und Puddingpulver verrühren. Übrigen Saft aufkochen, Puddingpulver einrühren und ca. 1 Minute köcheln lassen. Kirschen unterheben.

5. Unteren Boden auf eine Tortenplatte setzen, Kirschen darauf verteilen und auskühlen lassen. 800 g Sahne in zwei Portionen steif schlagen. Je 2 Päckchen Vanillin-Zucker dabei einrieseln lassen. Ca. 1/4 der Sahne auf die Kirschen streichen, zweiten Boden darauflegen und mit 1/4 der Sahne bestreichen. Letzten Boden daraufsetzen und die Torte rundherum mit restlicher Sahne einstreichen. Ca. 30 Minuten kalt stellen.

6. Von der Schokolade mit einem Spachtel Röllchen abschaben. 100 g Sahne steif schlagen, in einen Spritzbeutel mit Sterntülle füllen. Tuffs auf die Torte spritzen, Kirschen hineinsetzen. Torte mit Schokoladenröllchen verzieren.

Arbeitszeit: ca. 45 Minuten
Backzeit: ca. 30 Minuten
Wartezeit: ca. 4 Stunden
Nährwerte: pro Stück ca. 1930 kJ/460 kcal.

Mango-Sekttorte

Zutaten für ca. 16 Stücke:
- 75 g Zartbitter-Schokolade
- 3 Eier (Größe M)
- 150 g Zucker
- 100 g Mehl
- 1 TL Backpulver
- 8 Blatt weiße Gelatine
- 4 frische oder 2 Dosen Mangos (à 425 ml)
- 4 EL Zitronensaft
- 100 ml Sekt
- 500 g Schlagsahne
- 1 Päckchen Vanillin-Zucker
- evtl. 1 frische Mango und Borkenschokolade zum Verzieren
- Backpapier

1. Schokolade hacken. Eier trennen. Eiweiß mit 4 Esslöffel Wasser steif schlagen, 100 g Zucker dabei einrieseln lassen. Eigelb einzeln unterrühren. Mehl mit Backpulver mischen, daraufsieben und unterheben. Dann die Schokolade unterheben.

2. Boden einer Springform (26 cm ∅) mit Backpapier auslegen. Biskuitmasse einfüllen und glatt streichen. Im vorgeheizten Backofen bei 175 °C (Umluft: nicht geeignet) ca. 30 Minuten backen. Boden vom Formrand lösen, abkühlen lassen. Formrand entfernen und Boden quer halbieren.

3. Gelatine in kaltem Wasser einweichen. Frische Mangos schälen und in Spalten vom Stein schneiden. Früchte aus den Dosen abtropfen lassen. Mangos mit 50 g Zucker und Zitronensaft pürieren. Sekt unterrühren. Gelatine ausdrücken, bei schwacher Hitze auflösen und mit 2–3 Esslöffel Fruchtpüree verrühren. Dann die Gelatine unter das restliche Püree rühren. Kalt stellen, bis das Püree zu gelieren beginnt.

4. 150 g Sahne mit Vanillin-Zucker steif schlagen, unter das Mangopüree heben. Unteren Boden mit dem Springformrand umschließen. Creme darauf verstreichen. Oberen Boden daraufsetzen und ca. 2 Stunden kalt stellen.

5. Restliche Sahne steif schlagen. Formrand lösen. Torte rundherum mit Sahne einstreichen. Mango schälen und das Fruchtfleisch in Spalten vom Stein schneiden. Torte mit Mangospalten und Borkenschokolade verzieren.

Arbeitszeit: ca. 1 Stunde.
Backzeit: ca. 30 Minuten
Wartezeit: ca. 2 1/2 Stunden
Nährwerte: pro Stück ca. 1000 kJ/240 kcal.

Orangen-Tequila-Torte

Zutaten für ca. 16 Stücke:
- 3 Eier (Größe M)
- 225 g Zucker
- 2 Päckchen Vanillin-Zucker
- 75 g Mehl, 50 g Speisestärke
- 1 gehäufter TL Backpulver
- 6 EL Tequila
- 7 Blatt weiße und 5 Blatt rote Gelatine
- 7 Blutorangen (ersatzweise normale Orangen)
- 1 unbehandelte Zitrone
- 500 g Magerquark
- 1 Packung Orangenfrucht (6 g)
- 400 g Schlagsahne
- rosa und roter Dekorzucker zum Bestreuen
- 2 Cocktailkirschen, 2 Blutorangenscheiben und 1 Zitronenscheibe zum Verzieren
- Backpapier

1. Eier trennen. Eiweiß mit 3 Esslöffel kaltem Wasser steif schlagen, 100 g Zucker und 1 Päckchen Vanillin-Zucker einrieseln. Eigelb nacheinander einrühren. Mehl mit Stärke und Backpulver mischen, daraufsieben, unterheben. Boden einer Springform (26 cm ∅) mit Backpapier auslegen. Masse darin glatt streichen. Im vorgeheizten Backofen bei 175 °C (Umluft: nicht geeignet) ca. 30 Minuten backen. Biskuit vom Formrand lösen und auskühlen lassen. Aus der Form lösen und quer halbieren. Böden mit Tequila beträufeln. Um unteren Boden einen Tortenring legen.

2. Gesamte Gelatine in kaltem Wasser einweichen. 4 Orangen auspressen, 350 ml Saft abmessen. Von der Zitrone die Schale abreiben und Saft auspressen. Quark mit 125 g Zucker, Orangenfrucht, 300 ml Orangensaft, Zitronensaft und -schale verrühren. Gelatine ausdrücken, bei schwacher Hitze auflösen, mit 50 ml Orangensaft verrühren. Gelatine in die Orangencreme rühren, ca. 10 Minuten kühl stellen. 250 g Sahne steif schlagen. Sobald die Creme zu gelieren beginnt, Sahne unterziehen. Hälfte der Creme auf den unteren Boden streichen. Mit zweitem Boden bedecken und übrige Creme daraufstreichen. Torte mindestens 4 Stunden kalt stellen.

3. 3 Orangen schälen, so dass die weiße Haut entfernt wird. Filets herausschneiden. 150 g Sahne mit 1 Päckchen Vanillin-Zucker steif schlagen. Torte aus dem Ring lösen, den Rand mit Sahne einstreichen und mit Dekorzucker bestreuen. Filets auf die Torte legen. Mit Cocktailkirschen, Blutorangen- und Zitronenscheiben verzieren.

Arbeitszeit: ca. 1 Stunde
Backzeit: ca. 30 Minuten
Wartezeit: ca. 5 Stunden
Nährwerte: pro Stück ca. 960 kJ/230 kcal.

Schoko-Rum-Torte

Zutaten für ca. 16 Stücke:
60 g Butter/Margarine
7 Eier (Größe M)
300 g Zucker, 1 Prise Salz
140 g Mehl, 45 g Speisestärke
50 g Kakaopulver
70 ml Rum
5 Blatt weiße Gelatine
250 g Halbbitter-Kuvertüre
80 ml Milch, 30 ml Orangenlikör
1,3 kg Schlagsahne
20 g Puderzucker
Backpapier

1. Fett schmelzen. Eier trennen. Eiweiß mit 3 Esslöffel kaltem Wasser steif schlagen, 220 g Zucker und Salz einrieseln. Eigelb einzeln unterrühren. Mehl mit Stärke und 35 g Kakao mischen und unterziehen. Fett unterrühren. Boden einer Springform (26 cm ∅) mit Backpapier auslegen. Masse darin glatt streichen. Im vorgeheizten Backofen bei 175 °C (Umluft: nicht geeignet) ca. 30 Minuten backen. Boden in der Form auskühlen lassen und zweimal quer halbieren.

2. 200 ml Wasser mit 80 g Zucker aufkochen. 40 ml Rum unterrühren. Böden damit beträufeln. Um unteren Boden einen Tortenring schließen. Gelatine in kaltem Wasser einweichen. 100 g Kuvertüre hacken. Milch aufkochen, Kuvertüre darin schmelzen. Gelatine ausdrücken, in der Schokomilch auflösen. Orangenlikör und 30 ml Rum unterrühren. Abkühlen lassen.

3. 800 g Sahne in 2 Portionen steif schlagen. Schokomilch mit 5 Esslöffel Sahne verrühren, unter Rest Sahne heben. 1/3 Creme auf unteren Boden streichen. Zweiten Boden darauflegen, mit 1/3 Creme bestreichen. Mit drittem Boden bedecken. Übrige Creme daraufstreichen. Ca. 5 Stunden kalt stellen.

4. 100 g Kuvertüre hacken, auf dem heißem Wasserbad schmelzen. Auf ein Brett (Marmor/Porzellan) streichen. Trocknen lassen. Kuvertüre mit einem Spachtel zu Röllchen abschaben. 50 g Kuvertüre auf einem heißem Wasserbad schmelzen. 500 g Sahne mit Puderzucker steif schlagen und mit der Kuvertüre verrühren. Torte aus dem Ring lösen. Mit 2/3 der Schokosahne einstreichen. Rest Sahne in einen Spritzbeutel mit Sterntülle füllen. Tuffs auf die Torte spritzen, mit Schokoröllchen verzieren, mit Kakao bestäuben.

Arbeitszeit: ca. 1 1/4 Stunden
Backzeit: ca. 30 Minuten
Wartezeit: ca. 6 Stunden
Nährwerte: pro Stück ca. 2 310 kJ/550 kcal.

Kirsch-Marmorkuchen mit Eierlikör

Zutaten für ca. 20 Stücke:
- 500 g frische oder 1 Glas Kirschen (720 ml)
- 100 g Zartbitter-Schokolade
- 375 g Butter/Margarine
- 400 g Zucker
- 1 Päckchen Vanillin-Zucker
- 1 Prise Salz
- 6 Eier (Größe M)
- 200 ml Eierlikör
- 425 g Mehl
- 1 Päckchen Backpulver
- 25 g Kakaopulver
- 2 EL Puderzucker zum Bestäuben
- Minze und frische Kirschen zum Verzieren
- Fett und Mehl für die Form

1. Frische Kirschen waschen, putzen und entsteinen. Früchte aus dem Glas abtropfen lassen. Schokolade grob hacken. Fett mit 375 g Zucker, Vanillin-Zucker und Salz cremig rühren. Die Eier nacheinander unterrühren. Eierlikör zufügen und so lange rühren, bis sich der Zucker gelöst hat. 400 g Mehl mit Backpulver mischen und unter die Eiermasse rühren. Teig halbieren.

2. Kirschen mit 25 g Mehl bestäuben. Unter eine Teighälfte Kakaopulver und 25 g Zucker rühren. Hälfte der Kirschen und gehackte Schokolade unterheben. Übrige Kirschen unter den hellen Teig heben. Zuerst den hellen Teig in eine gefettete und mit Mehl ausgestreute Springform (26 cm ∅) mit Rohrbodeneinsatz füllen. Dann den dunklen Teig darauf verteilen. Teige mit Hilfe einer Gabel spiralfömig durchziehen.

3. Kuchen im vorgeheizten Backofen (bei 175 °C (Umluft: 150 °C) ca. 1 1/4 Stunden backen. Eventuell nach der Hälfte der Backzeit zudecken. Kuchen auf ein Kuchengitter stellen und in der Form abkühlen lassen. Dann aus der Form stürzen und auskühlen lassen. Mit Puderzucker bestäuben und mit Minze und Kirschen verzieren.

Arbeitszeit: ca. 30 Minuten
Backzeit: 1 1/4 Stunden
Nährwerte: pro Stück
ca. 1680 kJ/400 kcal.

Williams-Christ-Zupfkuchen

Zutaten für ca. 16 Stücke:

- 400 g Mehl
- 450 g Zucker
- 2 Päckchen Vanillin-Zucker
- 2 EL Kakaopulver
- 1 Päckchen Backpulver
- 1 Prise Salz
- 4 Eier (Größe M)
- 400 g Butter
- 1 kg Birnen (z. B. Williams Christ)
- 1 Vanilleschote
- 4 EL Birnenschnaps
- 2 EL Paniermehl
- 500 g Magerquark
- 1 Päckchen Puddingpulver „Vanille-Geschmack" (für 500 ml Milch; zum Kochen)
- Mehl zum Ausrollen
- Frischhaltefolie

1. Mehl mit 200 g Zucker, 1 Päckchen Vanillin-Zucker, Kakao, Backpulver, Salz, 1 Ei und 200 g Butter in Stückchen zu einem glatten Mürbeteig verarbeiten. Teig in Frischhaltefolie wickeln und 1 Stunde kalt stellen.

2. Birnen schälen, vierteln, entkernen und in Spalten schneiden. Vanilleschote längs einritzen und das Mark herauskratzen. 100 ml Wasser mit 50 g Zucker und Vanillemark aufkochen. Birnen zugeben und ca. 5 Minuten dünsten. Schnaps einrühren und auskühlen lassen.

3. 200 g Butter mit 200 g Zucker und 1 Päckchen Vanillin-Zucker cremig rühren. 3 Eier nacheinander unterrühren. Quark und Puddingpulver einrühren. 3/4 des Mürbeteigs auf bemehlter Arbeitsfläche zu einem Kreis (ca. 36 cm ∅) ausrollen. Springform (26 cm ∅) fetten und mit dem Teig auslegen, dabei am Formrand andrücken. Den Boden mit einer Gabel mehrmals einstechen und mit Paniermehl bestreuen.

4. Birnen abtropfen lassen. Boden mit Birnen belegen, Quarkcreme darauf verteilen. Restlichen Teig ausrollen und zerzupfen. Teigstücke auf den Kuchen geben. Im vorgeheizten Backofen bei 175 °C (Umluft: 150 °C) ca. 1 1/2 Stunden backen. Nach ca. 40 Minuten den Kuchen abdecken. In der Form auskühlen lassen.

Arbeitszeit: ca. 1 Stunde
Backzeit: ca. 1 1/2 Stunden
Wartezeit: ca. 30 Minuten
Nährwerte: pro Stück ca. 1970 kJ/470 kcal.

Brownie-Gugelhupf mit Mandellikör

Zutaten für ca. 16 Stücke:
- 100 g Walnusskerne
- 2 Tafeln Zartbitter-Schokolade (à 100 g)
- 250 g Puderzucker
- 100 g Speisestärke
- 150 g Mehl
- 1 Päckchen Backpulver
- 2 EL lösliches Cappuccino-Pulver
- 250 ml Sonnenblumenöl
- 50 ml Mandellikör
- 100 ml Eierlikör
- 5 Eier (Größe M)
- 150 g Halbbitter-Kuvertüre
- Puderzucker und Kakaopulver zum Bestäuben
- Fett und Paniermehl für die Form

1. Walnüsse fein mahlen. Schokolade hacken. Puderzucker mit Stärke, Mehl und Backpulver mischen. Walnüsse unterheben. Cappuccino in 100 ml heißem Wasser auflösen. Öl mit Cappuccino, Mandel- und Eierlikör unter die Mehlmischung rühren. Die Eier einzeln unterrühren, Schokolade unterheben.

2. Teig in eine gefettete, mit Paniermehl ausgestreute Gugelhupfform (22 cm ∅; 2,5 Liter Inhalt) füllen. Im vorgeheizten Backofen bei 175 °C (Umluft:150 °C) ca. 1 Stunde backen. Den Kuchen ca. 10 Minuten in der Form ruhen lassen, dann vorsichtig auf ein Kuchengitter stürzen und auskühlen lassen.

3. Kuvertüre hacken und auf dem heißen Wasserbad schmelzen. Hälfte dünn auf ein Brett (Marmor/Porzellan) streichen, trocknen lassen. Den Kuchen mit übriger Kuvertüre überziehen. Getrocknete Kuvertüre mit einem Spachtel zu Röllchen abschaben. Kuchen mit Schokoröllchen bestreuen. Trocknen lassen. Mit Puderzucker und Kakao bestäuben. Dazu schmeckt Schokoeis.

Arbeitszeit: ca. 30 Minuten
Backzeit: ca. 1 Stunde
Wartezeit: ca. 1 Stunde
Nährwerte: pro Stück ca. 1970 kJ/470 kcal.

Piña-Colada-Torte

Zutaten für ca. 16 Stücke:

- 3 Eier (Größe M)
- 115 g Zucker
- 1 Päckchen Vanillin-Zucker
- 1 Prise Salz
- 1 Päckchen Rum-Aroma
- 75 g Mehl
- 50 g Speisestärke
- 1 gehäufter TL Backpulver
- 6 Blatt Gelatine
- 1 Dose Baby-Ananas (425 ml; in Scheiben)
- 200 ml Kokosnusslikör
- 500 g Schlagsahne
- 1 Stück frische Kokosnuss (ca. 150 g)
- Cocktailkirschen und frische Baby-Ananas zum Verzieren
- Backpapier

1. Eier trennen. Eiweiß mit 3 Esslöffel kaltem Wasser steif schlagen, 100 g Zucker, Vanillin-Zucker und Salz dabei einrieseln lassen. Eigelb einzeln unterrühren. Rum-Aroma zufügen. Mehl mit Stärke und Backpulver mischen, auf die Eischaummasse sieben und unterziehen.

2. Boden einer Springform (26 cm ∅) mit Backpapier auslegen. Masse darin glatt streichen. Im vorgeheizten Backofen bei 175 °C (Umluft: nicht geeignet) ca. 20 Minuten backen. Boden aus der Form lösen und auf einem Kuchengitter auskühlen lassen. Biskuit quer halbieren, so dass der obere Boden etwas dünner ist.

3. Gelatine in kaltem Wasser einweichen. Ananas abtropfen, Saft dabei auffangen und 200 ml abmessen. Gelatine ausdrücken, bei schwacher Hitze auflösen und den Ananassaft langsam zugießen. 150 ml Kokoslikör unterrühren und kalt stellen, bis die Masse zu gelieren beginnt.

4. Den oberen Boden mit 50 ml Likör beträufeln. 250 g Sahne steif schlagen. Sobald der Saft zu gelieren beginnt, Sahne unterziehen, ca. 10 Minuten kalt stellen. Hälfte der Creme kuppelförmig auf den unteren Boden streichen und mit Ananasscheiben belegen. Restliche Creme daraufstreichen und mit dem oberen Boden bedecken. Torte ca. 4 Stunden kalt stellen.

5. Kokosnuss in dünne Streifen hobeln. 250 g Sahne mit 20 g Zucker steif schlagen. Torte damit einstreichen, mit Kokoshobeln bestreuen. Mit Cocktailkirschen und Babyananas verzieren.

Arbeitszeit: ca. 45 Minuten
Backzeit: ca. 30 Minuten
Wartezeit: ca. 6 1/2 Stunden
Nährwerte: pro Stück ca. 1 130 kJ/270 kcal.

Beschwipste Pfirsich-Torte

Zutaten für ca. 16 Stücke:
- 2 Eier (Größe M)
- 210 g Zucker, 1 Päckchen Vanillin-Zucker
- 50 g Mehl
- 50 g Speisestärke
- 1 gehäufter TL Backpulver
- 15 g Kakaopulver
- 14 Blatt weiße Gelatine
- 750 g frische Pfirsiche oder 1 Dose (850 ml)
- 4 EL Zitronensaft
- 500 ml Buttermilch
- abgeriebene Schale von 1 unbehandelten Zitrone
- 250 g Schlagsahne
- 4 EL Pfirsichlikör
- 25 g weiße Kuvertüre
- Backpapier, 1 kleiner Gefrierbeutel

1. Eier trennen. Eiweiß mit 3 Esslöffel kaltem Wasser steif schlagen, Zucker und Vanillin-Zucker dabei einrieseln. Eigelb einzeln unterrühren. Mehl mit Stärke, Backpulver und Kakao mischen auf die Eischaummasse sieben und unterziehen. Boden einer Springform (26 cm ∅) mit Backpapier auslegen. Masse darin glatt streichen. Im vorgeheizten Backofen bei 175 °C (Umluft: nicht geeignet) ca. 20 Minuten backen. Boden in der Form auf einem Kuchengitter auskühlen lassen.

2. Gelatine in kaltem Wasser einweichen. Frische Pfirsiche mit kochendem Wasser überbrühen, häuten, halbieren und den Stein entfernen. Früchte aus der Dose abtropfen lassen. $^2/_3$ der Pfirsiche mit Zitronensaft und 60 g Zucker ca. 3 Minuten dünsten. Anschließend pürieren.

3. 5 Blatt Gelatine ausdrücken und in das Fruchtpüree rühren. Kühl stellen. Buttermilch mit 75 g Zucker und Zitronenschale verrühren. Restliche Gelatine ausdrücken, bei schwacher Hitze auflösen und mit 2–3 Esslöffel Buttermilch verrühren. Mischung in die übrige Buttermilch rühren. Kalt stellen, bis die Masse zu gelieren beginnt. Sahne steif schlagen und unterziehen. Boden mit Likör beträufeln. Einen Tortenring darum legen. Creme und Püree daraufstreichen und marmorartig durchziehen. Mindestens 5 Stunden kalt stellen.

4. Kuvertüre auf dem heißen Waserbad schmelzen. Übrige Pfirsiche in Spalten schneiden. Torte mit Pfirsichen belegen. Kuvertüre in einen Gefrierbeutel geben, eine kleine Ecke abschneiden und die Torte mit feinen Streifen überziehen.

Arbeitszeit: ca. 1 Stunde
Backzeit: ca. 20 Minuten
Wartezeit: ca. 6 Stunden
Nährwerte: pro Stück ca. 790 kJ/190 kcal.

Rezept-Register

A

Amarettini-Trauben-Torte 54
Ananas-Himbeerkuchen 69
Apfel-Calvados-Schichttorte 82
Apfelkuchen, schneller 70

B

Bananen-Marshmallow-Torte 44
Baileys Napfkuchen 77
Beerentorte mit Schokocreme 43
Beschwipste Pfirsich-Torte 91
Birnen-Rumkugel-Torte 16
Brownie-Gugelhupf mit Mandellikör 89
Bunter Beeren-Kuchen 66

C

Caffè-Latte-Marmorkuchen 23
Cappuccino-Torte 57
Coco-Cheesecake 27

D

Donauwellen-Torte mit Aprikosen 22

E

Eierlikör-Kuchen, saftiger 63
Eierlikör-Schlierentorte 74
Erdbeer-Milchshake-Torte 42
Erdbeer-Yogurette-Torte 12
Erdnuss-Krokant-Rehrücken 36

F

Fanta-Limetten-Kuchen 34
Florentiner-Schoko-Kuchen 17
Fruchtige Kiba-Torte 13

H

Heidelbeer-Quark-Torte 41
Heidelbeer-Waffel-Törtchen 56
Himbeer-Cappuccino-Kuchen 35
Himbeer-Frischkäse-Schnitten 53
Himbeer-Muffins mit Schokobons 32

I

I-love-you-Torte 52

J

Jaffa-Cointreau-Torte 79
Joghurt-Zitronen-Kuchen 45
Johannisbeer-Amicelli-Torte 46

K

Kaffee-Streuselkuchen 28
Kalter Hund 60
Karamell-Küchlein mit Aprikosen 39
Kiba-Torte, fruchtige 13
Kirschkuchen mit Mandelhaube 67
Kirsch-Marmorkuchen mit Eierlikör 87
Küsschen-Torte 14
Kuhflecken-Kuchen 37

M

Malakoff-Torte 61
Mandarinen-Quark-Torte 50
Mandel-Orangen-Kuchen 71
Mandel-Pfirsich-Torte 20
Mango-Sekttorte 84
Mango-Tiramisu-Torte 59
Melonen-Raffaello-Kuchen 55
Milchkaffee-Biskuitrolle 26
Montelino-Torte, Schweizer 15
Mousse-Nusskuchen 51

N

Nougat-Amicelli-Torte mit Himbeeren 11
Nusskuchen mit Snickers 25

O

Orangen-Crossie-Torte 21
Orangen-Tequila-Torte 85

P

Panna-Cotta-Käsekuchen 18
Pfirsich-Eierlikör-Schnitten 78
Pfirsich-Himbeer-Törtchen 38
Pfirsich-Melba-Torte 19
Pfirsich-Sahne-Torte 65
Pfirsich-Torte, beschwipste 91
Pflaumen-Käsekuchen 58
Pflaumen-Slibowitz-Torte 81
Piña-Colada-Torte 90
Prosecco-Himbeer-Torte 75

R

Riesen-Karamellschnitten 30
Rocher-Gugelhupf 31

S

Saftiger Eierlikör-Kuchen 63
Schneller Apfelkuchen 70
Schokokuchen mit Waffelröllchen 29
Schoko-Rum-Torte 86
Schokoladen-Torte mit Kaffeelikör 76
Schokoladentorte mit Marzipan 49
Schwarzwälder Kirschtorte 83
Schweizer Montelino-Torte 15
Spekulatius-Preiselbeer-Torte 48
Stachelbeer-Marzipan-Kuchen 64

T

Tequila-Sunrise-Schnitten 47

V

Vanille-Mousse-Blechkuchen 33

W

Weinschaum-Biskuittorte 73
Whisky-Trüffel-Torte 80
Williams-Christ-Zupfkuchen 78

Z

Zitronenmuffins 68

Redaktion City Food & Foto
Gudrun Hoffmüller (redakt. Leitung);
Susanne Baro-Hansen

Schlussredaktion: Katrin Schnack

Satz und Layout: Kirsten Pahl

Fotos: City Food & Foto, Hamburg

www. MOEWIG.de

Printed in China
ISBN 3-8118-1053-7